AF602528

HENRI GOY

DE QUÉBEC A VALPARAISO

PAYSAGES - PEUPLES - ÉCOLES

LIBRAIRIE ARMAND COLIN
103, BOULEVARD SAINT-MICHEL, PARIS

DE QUÉBEC

A VALPARAISO

HENRI GOY

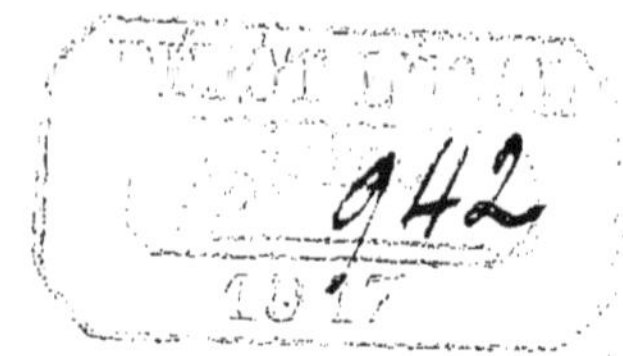

DE QUÉBEC A VALPARAISO

PAYSAGES — PEUPLES — ÉCOLES

LIBRAIRIE ARMAND COLIN
103, Boulevard saint-michel, PARIS

1917

AVANT-PROPOS

Ces notes n'ont pas la prétention d'être un livre.

Prises au cours d'un voyage qui devait être le tour du Monde et qui s'est borné, la guerre survenant, à n'être guère qu'un tour d'Amérique, elles n'ont pu subir, faute de temps, l'élaboration qui seule aurait permis d'en faire un tableau coordonné, une étude méthodique de mœurs ou d'institutions.

La guerre leur impose, comme au voyage lui-même, un caractère fragmentaire; elles restent ce qu'elles furent au premier jet: des feuillets détachés d'un carnet de route.

Il a paru, néanmoins, que leur publica-

cation pourrait présenter quelque intérêt — et, peut-être, d'abord, celui d'être la notation sincère et immédiate d'impressions et d'observations.

Si les impressions sont diverses — des champs de neige canadiens à la pampa argentine, par la forêt dense des Guyanes — l'observation est une, et a porté spécialement — on en excusera un professeur — sur l'œuvre éducative des grands Etats d'Amérique.

Mais d'ailleurs, plus que jamais, ces grands Etats sont dignes de retenir notre attention. Pour notre œuvre prochaine de reconstruction nationale, un exemple s'imposera : celui de ces pays du Nouveau-Monde, à population raréfiée, où l'homme est le capital le plus précieux, où la préoccupation dominante de l'Etat est le développement, dans chaque individu, de l'énergie productrice, où l'effort éducatif tend à faire de chaque citoyen une force utile.

A ce point de vue, ces notes de voyage peuvent être une très modeste contribution à ce qui sera en France l'œuvre essentielle de demain.

Ce voyage s'est fait avec les fonds, mis pour une « Bourse au Tour du Monde », à la disposition du Conseil de l'Université de Paris, par M. Albert Kahn.

Qu'il me soit permis d'exprimer ici à ce donateur généreux, pour ce beau voyage, si riche pour moi d'impressions et d'enseignements, ma très profonde gratitude.

H. G.

I

CROQUIS DE VOYAGE

Départ

En vue de Québec, 10 octobre 1913.

Voici le quatorzième jour depuis que le *Floride* a quitté Le Havre. Traversée heureuse, agrémentée des incidents classiques : avarie de machine au premier soir, tempête habituelle au milieu de l'Atlantique, brumes dans les parages de Terre-Neuve. Les brumes surtout ont été pénibles : deux jours et deux nuits, toutes les cinq minutes, la sirène a lancé son appel angoissant. Maintenant, depuis deux jours, nous remontons l'estuaire du Saint-Laurent, et notre vapeur glisse sans bruit sur les eaux laiteuses du fleuve immense. La rive sud aligne ses falaises noires, aux sapins sombres, aux érables roux. La rive nord, un jour et demi invisible, commence à apparaître; et j'ai plaisir à entendre nommer, chemin faisant, les accidents de terrain des vieux noms donnés par Champlain et nos ancêtres navigateurs. Voici la Rivière au Loup, et la Male Baie et l'île aux Coudres ; c'est une très vieille France, dont les lignes sévères se lèvent dans la brume.

Le vapeur glisse lentement sur l'eau laiteuse. Un cantique discret salue la terre : c'est que notre paquebot ramène au Canada un essaim de sœurs grises et noires, avec un missionnaire du Labrador et un Monseigneur. C'est un avant-goût du Canada français, où les pasteurs catholiques paissent leurs paisibles ouailles. Nous n'envoyons guère d'autres immigrants ; le gros des passagers est formé par les gagne-petit des divers pays d'Europe : coiffeurs allemands, horlogers suisses de la Chaux-de-Fonds, tailleurs croates, manœuvres italiens, débardeurs hongrois, un Roumain incertain, un Bulgare qui rapporte au Canada sa misérable personne trouée de sept balles dans les dernières guerres. Dans tout ce flot d'émigrants, peu ou pas de Français ; deux seulement parmi les passagers me semblent avoir conquis au Canada une situation enviable : un agriculteur et un financier. Décidément, nos rapports ne sont guère intimes avec notre colonie d'autrefois. Nous y envoyons les secours de la religion ; cela est bien ; mais n'avons-nous pas d'autres œuvres à y accomplir ? C'est ce que les jours suivants m'apprendront.

Mais voici que la sirène mugit longuement : la masse noire du plateau où s'érige Québec grandit, s'élève, domine le fleuve. Des cris rauques, des exclamations sonores de Siciliens, et, toujours en sourdine, le discret cantique disent la fin du voyage : nous abordons au Canada.

Trois semaines au Canada

Niagara Falls, 31 octobre 1913.

De ma fenêtre, en écrivant, je vois les toits poudrés de blanc — la première neige est tombée cette nuit — les arbres étincelants sous leur parure de glace et dans un clair soleil, les buées de la cataracte qui promènent leur panache tantôt sur la ville américaine, de mon côté, tantôt sur la rive canadienne que j'ai quittée ce matin. Car j'ai quitté le Canada après trois semaines de séjour et, si remplies qu'aient été les journées, j'éprouve encore de l'embarras à parler de ce pays immense, dont je n'ai vu, à dire la vérité, que quatre villes. Il est vrai que ce sont quatre capitales : Québec, capitale de la province du même nom, centre administratif et politique de tout cet Etat de langue française, deux fois grand comme la France ;

Montréal, métropole religieuse et commerciale, cœur du Canada tout entier, cité moderne et bruyante de 630.000 habitants ; puis Ottawa, la capitale fédérale ; Toronto, enfin, capitale de la province anglaise de l'Ontario. L'antique Bas-Canada français, le Haut-Canada anglais, voilà ce que je viens d'entrevoir. Sans doute c'est peu, car il y a, dans l'Ouest Canadien des terres immenses qui s'ouvrent à la culture et à l'industrie, des populations nouvelles et des villes qui prennent rang dans la civilisation, toute une vie ardente, titanique, un pandemonium de races, d'ambitions, de brutalités, d'audaces inouïes. Mais l'Est que j'ai vu est la région la plus passionnante pour un Français de France, car il y voit sous divers aspects, et à un moment particulièrement grave, la rivalité séculaire des populations anglaise et française et les efforts dramatiques de l'élément français pour subsister, se maintenir, triompher dans des conditions souvent défavorables, en dépit des forces coalisées pour le submerger. Devant ce spectacle, les choses de la nature passent au second plan. Les hommes, les passions, les ambitions, les projets, voilà ce qu'il s'agit d'étudier ; j'ai cherché plutôt à sonder les cœurs qu'à contempler les horizons, et de cette nature canadienne si différente de la nôtre, je ne connais guère maintenant, après l'avoir quittée peut-être pour toujours, que ce que peuvent révéler des passages rapides en bateau à travers les fleuves et les lacs, ou les courses haletantes des grands express par les landes et les bois.

Québec, c'est la ville du souvenir : agenouillée sur sa colline, pieuse et recueillie, elle vit dans le culte du passé, édifie des monuments aux vieilles gloires françaises ; elle accueille le voyageur avec une cordialité touchante, et tout de suite le Français de France reprend pied, entre en commerce avec le passé glorieux. Ce sont les Cartier, les Champlain, les Montcalm qui se dressent sur les places et qui gardent encore — tels des dieux indigètes — la cité qu'ils ont fondée ou défendue. Une promenade en ces lieux est un pèlerinage : ici furent les quartiers d'hiver des premiers Français ; là Montcalm combattit et succomba dans une lutte inégale aux Champs d'Abraham ; et non loin, à Sainte-Foye, l'année suivante, une vaillante petite troupe française remporta une dernière victoire, quand déjà la partie était définitivement perdue. Toute la société éclairée de Québec vit dans le souvenir constant de ce passé; ces héros français, elle les voit, elle a conservé leurs moindres paroles, et ce n'est point seulement une fiction que ces récits de Noël du délicat érudit qu'est M. Ernest Myrand; l'épopée de la découverte du Canada, de l'exploration, de la défaite dernière, est restée une réalité vivante et actuelle. Cette société éclairée garde un contact intime avec le siècle dont elle est sortie; dans les milieux littéraires et administratifs de Québec, on a l'impression que le temps n'a point marché d'une course aussi haletante que dans notre France moderne : un parfum de l'élégance des siècles passés, une tradition d'antique courtoisie, l'idéal du gentilhomme français d'autrefois donnent à cette société une empreinte particulière et un charme singulier.

Cette société est profondément religieuse; la pensée catholique est le milieu dans lequel se meuvent toutes les conceptions, les études historiques, les discussions politiques, les préoccupations sociales; et ceci est encore une suite naturelle de ce culte recueilli du passé. Œuvre admirable accomplie par une population française unie dans sa religion et fidèle à la langue de ses aïeux ; quand la France eut été contrainte par le sort des armes à abandonner sa lointaine colonie, quand se furent retirés tous ceux qui comptaient dans la société française : administrateurs, officiers, seigneurs, il ne resta sur cette terre demi-sauvage qu'une poignée de paysans de Normandie et du Poitou (60.000 environ), avec les plus humbles de leurs pasteurs. Et cependant l'élément anglo-saxon grandit tout alentour, augmenté de la marée montante de l'immigration, appuyé sur le gouvernement officiel qui, longtemps, fit la guerre à la langue française, soutenu par les puissances financières de la métropole, occupant toutes les places de l'administration, du commerce, de l'industrie.

Le paysan français se serra autour du clocher qui portait et qui porte encore dans les nues le fier coq gaulois. Et les 60.000 sont devenus, en cent cinquante ans, 2.250.000; ils ont obtenu la liberté pour leur langue et la domination effective de la plus vaste province du Canada, celle de Québec. Et les habitants de la capitale, devant la beauté du résultat, ne veulent point séparer les idées qui les ont soutenus dans leur lutte séculaire contre les Anglais protestants : l'idée nationale française et l'idée catholique; dans les campagnes, le prêtre reste le directeur moral, le conseiller agricole et financier; il encourage les mariages jeunes, presse amicalement les retardataires, célèbre la valeur chrétienne et la gloire nationale des unions fécondes et des familles nombreuses et demeure ainsi l'apôtre passionné de la grandeur de la race canadienne française.

Le souvenir de notre pays reste vivant dans toutes les générations: sous la conduite de l'éminent inspecteur général des écoles catholiques de la province de Québec, M. H.-C. Magnan, j'ai visité nombre d'écoles; j'ai gardé surtout le souvenir d'une visite à l'élégant couvent de jeunes filles de Sillery; après la visite officielle des classes, une des maîtresses vint me prier de dire quelques mots à ses élèves pendant la récréation. Simplement, je parlai de ma ville natale, de nos beaux paysages de France, si coquets, si chers à notre cœur, et je leur dis aussi combien la France nouvelle était belle et grande, sortie victorieuse d'épreuves terribles, brillante dans sa parure de colonies lointaines, unie et forte autant qu'elle le fut jamais ; les jeunes Canadiennes avaient les yeux brillants de joie et les sœurs françaises pleuraient...

A Montréal, la fierté nationale d'un Français se mêle de quelque amertume. Sans doute, la grande cité est la seconde ville française de la terre, devançant d'une centaine de mille habitants Marseille ou Lyon. Mais l'atmosphère française, si palpable à Québec, s'est ici évanouie. Les hauts « gratte-ciel » des banques du centre disent l'idéal américain ; les faces rasées montrent que toute la jeunesse se plie au même joug. La langue anglaise règne partout en maîtresse dans le centre et dans les affaires, quoique les Anglais soient à peu près le tiers de la population. L'anglais est la langue élégante ; des Canadiens français le parlent entre eux ; on dirait que, par une singulière inversion des rapports qui existent sur notre continent, le français est ici la langue inférieure de la population servante. Çà et là, dans les conversations, dans la presse, des plaintes s'élèvent, l'élément canadien-français est en retard, il n'est pas assez préparé à la lutte économique de l'époque moderne ; le peuple reste ignorant, les classes moyennes n'ont pas une instruction scientifique suffisante... Récemment, quelques établissements supérieurs canadiens-français se sont élevés ou étendus pour résister à l'influence envahissante de l'admirable université anglaise de Mac Gill : l'école polytechnique, l'école des hautes études commerciales, un institut dentaire, une école technique. Mais on se plaint que la réforme n'ait pas commencé plutôt par en bas et que l'enseignement primaire et secondaire prépare peu aux établissements supérieurs nouveaux. La lutte des opinions opposées devient peu à peu un combat autour de l'église où l'on cite notre France moderne pour la maudire ou pour la prendre comme exemple.

Un Français qui passe ne peut qu'écouter et se taire et souhaiter qu'une entente se fasse entre les partis en présence pour le mieux des intérêts de notre nationalité sur une terre où cette nationalité est singulièrement menacée ; car si Québec et si les campagnes de la province sont et restent françaises, la grande capitale de Montréal, métropole véritable du Dominion tout entier, menace de passer à l'Anglais, corps et biens.

Passé la frontière de la province de Québec, une autre question nationale se pose : la province d'Ontario, l'ancien Haut-Canada, anglaise d'origine, de tradition, de gouvernement, voit avec impatience un élément canadien-français y subsister, se développer en minorité laborieuse et prospère. Une poignée de fanatiques protestants, les Orangistes, comme on les appelle ici, par analogie avec les Orangistes de l'Ulster irlandais, ne cesse depuis longtemps d'exciter l'opinion anglaise contre le groupe canadien-français.

Ce groupe a ses églises catholiques et ses « écoles séparées », qui jouissent d'une sorte de privilège en vertu de la constitution du Dominion en 1867. Or, l'an dernier, les Anglais s'avisèrent de découvrir que la langue anglaise était négligée dans les écoles séparées catholiques de leur province d'Ontario. Ils édictèrent en septembre la fameuse circulaire n° 17, par laquelle les écoles séparées devaient : 1° adopter la langue anglaise comme langue constante des cours ; 2° adopter les manuels des autres écoles anglaises ; 3° se soumettre à l'inspection anglaise, tandis que, jusqu'ici, elles avaient leurs propres inspecteurs canadiens-français. L'école est ici chose municipale. Un groupe de pères de famille constitue une commission qui choisit son président et administre elle-même ses écoles, choisit ses maîtres et veille à tous les détails de l'instruction.

Les commissions françaises décidèrent de ne pas se soumettre à la loi. Celle d'Ottawa, capitale fédérale, sous la direction d'un président énergique, M. Genest, ne s'est pas contentée de protester : le jour même de mon arrivée à Ottawa, un inspecteur anglais s'étant présenté à une école séparée, l'école Garneu, les élèves sortirent des classes pour ne pas se soumettre à son inspection en langue anglaise. La crise est désormais aiguë : la commission française déclare qu'elle résistera à toute violence par la violence même ; sur la terre classique de la liberté, une lutte s'engage pour courber une minorité française sous une loi inexorable ; il faut espérer que ce n'est là qu'une maladresse passagère.

Cette politique de violence aura eu du moins un heureux résultat : dans la paix des races, la langue française de la province d'Ontario menaçait de sombrer dans l'oubli. Ici, comme à Montréal, la langue du peuple riche et industriel absorbait peu à peu toutes les générations nouvelles. Le réveil est venu. A Ottawa, à Détroit, on parle haut le français tandis qu'on le murmurait tout bas il y a quelques mois encore ; la persécution a donné à notre nationalité une vigueur nouvelle : il faut espérer qu'elle s'arrêtera à ce résultat.

... Tandis que j'écris ces notes à la hâte, la nuit est venue ; les volutes de vapeur d'eau qui planent sur le Niagara ont disparu ; mais le grondement est plus fort, et quand je m'arrête pour réfléchir un instant, ce grondement tout proche m'impose la hantise de la cataracte voisine, de cet effroyable déluge qui déverse ses eaux tonnantes de toute éternité. Et ces eaux du Niagara, je les revois dans les bouches du Saint-Laurent, le fleuve immense sur lequel nous naviguâmes deux jours sans en voir les bords. Ces visions d'une nature énorme encore sauvage et indomptée, donnent aux luttes humaines que j'ai essayé d'esquisser un étrange relief. Egrenés le long de ce cours d'eau aux flots monstrueux, une poignée de nos compatriotes, abandonnés à eux-mêmes, se sont maintenus à peu près intacts, fidèles à toutes leurs traditions séculaires, à travers leurs luttes contre les hommes et contre une nature redoutable. Il faut avoir confiance dans leur avenir.

Mars 1917. Les oppositions nationales ont été atténuées par la guerre contre l'Allemagne où dans les contingents canadiens, les éléments français et anglais combattent côte à côte dans une étroite camaraderie.

La question des écoles séparées n'a cependant pas cessé d'être débattue : portée devant diverses juridictions au cours des années 1914, 1915 et 1916, elle a été tranchée, le 2 novembre 1916, par le Conseil Privé. L'arrêt de l'autorité suprême est favorable à la thèse anglaise.

A travers les rues de New-York

New-York, 21 novembre 1913.

N'est pas badaud qui veut ! Profession trop décriée et qui demande de sérieuses qualités, par exemple le don de l'étonnement facile ou la persévérance dans l'oisiveté. Je m'efforce d'y parvenir et de vivre le nez en l'air; voilà le difficile : à force d'être dirigé sur les livres, cet organe est devenu méditatif. Heureusement, toute la vie de New-York est faite pour le tirer de ses rêveries favorites et le pointer vers les directions les plus inattendues. Après avoir tant décrit le monde, il faut bien le regarder.

Je suis arrivé au bon moment, juste trois jours avant les élections municipales ; à peine débarqué du train, je vois les immenses banderoles qui barrent les grandes artères à la hauteur des quatrièmes aux dixièmes étages, et proclament l'excellence des divers candidats. Ici, du haut d'un vingtième étage, un portrait, grossièrement imprimé sur indienne, se balance au vent et popularise les traits d'un candidat conseiller. Ailleurs, des bandes multicolores jettent au-dessus du mouvement de la rue des phrases accusatrices : exactions ! concussions ! faux témoignage ! toutes les manœuvres de la dernière heure s'étalent au grand jour de la rue.

Jour d'élection. La ville a un air de fête : les magasins sont fermés, les ouvriers chôment, les bars se remplissent. Les urnes sont dans des boutiques, au rez-de-chaussée, dans des endroits bien passants ; à quelques pas en deçà et au delà, une pancarte indique que toute action sur les électeurs est interdite dans un certain rayon. Voici justement, dans un bas quartier, une salle d'élection ; je m'approche ; à la porte un jeune homme monte la garde ; il porte, bien en vue sur le revers de son veston, les insignes et le nom d'un des candidats aux fonctions de maire, du candidat de la célèbre faction Tammany Hall. Je pense que c'est un agent électoral, et lui adresse la parole : c'est un détective, chargé de la police de l'élection. Il est agent municipal et en même temps fait campagne ouvertement pour un des partis en présence : ceci est bien américain, surtout de New-York. — Un peu plus loin, des enfants sont assemblés; les écoles étant fermées aujourd'hui, ils se sont emparés de la rue. Ceux-là ont ramassé de tous côtés des morceaux de bois, des planches, de vieux tonneaux, et se préparent à faire un bûcher monstre dans une rue passablement étroite. L'entreprise soulève les protestations indignées des petits commerçants des alentours, et comme ils sont Italiens, ces protestations sont presque aussi véhémentes que les exhortations des chefs de la bande enfantine. Il y a là un marchand de légumes, dont le nom s'étale sur la boutique, De Vita, et qui se démène comme un possédé devant ses céleris et ses salades étalés. Gestes inutiles, vaines clameurs : le bûcher s'érige et bientôt une belle barrique le couronne; la flamme crépite, monte, la besogne a été bien faite. Les gamins lancent leurs casquettes en l'air, cabriolent autour du bûcher, et la flamme monte toujours. A toutes les fenêtres, des tribus entières apparaissent : matrones siciliennes avec un bambin accroché à chaque pli de la robe, nègres dont les dents s'épanouissent à la vue de la joie publique. Le feu est devenu infernal ; les flammes montent jusqu'au deuxième étage ; les céleris et les salades roussissent à vue d'œil : De Vita ne peut plus se contenir; il s'élance vers le bûcher, tire poutres et planches avec rage, tente de les disperser. Mais la bande de gamins fait pleuvoir sur lui une grêle d'objets divers ; tout ce qu'une rue italo-américaine peut offrir de plus savoureux en fait de débris s'abat sur le malheureux marchand de légumes, qui, de guerre lasse, donne l'alarme aux pompiers. Trois minutes après, le champ de bataille était vide ; alentour, cinq voitures de pompiers : une pompe, deux voitures d'échelles, deux voitures de tuyaux ; en une minute le feu était éteint, la police n'était pas intervenue.

Le soir des élections, chaque année, le 4 novembre, les New-Yorkais s'amusent ; rien de plus simple : ils se réunissent sur le Broadway, artère principale de la ville, longue de trente kilomètres; par centaines de mille ils affluent de tous les points de la ville, et là, chacun s'amuse pour son compte ; la plupart, hommes ou femmes, sont armés d'une énorme trompette en carton ou en fer blanc, et tirent de cet instrument rudimentaire les sons les plus affligeants; les autres sifflent ou hurlent tout simplement; malgré tout, l'ensemble est impressionnant, et la naïveté de cette exubérance désarme la critique. Réellement, c'est un peuple jeune; la barbarie de ses amusements est de bon aloi, et sa gaîté paraît saine. Mais, ô Seigneur! qu'elle est bruyante!

... Parmi les gratte-ciel : le premier aspect est déconcertant; lorsqu'on arrive de la haute ville, où les maisons ont les dimensions des nôtres, le premier bloc de gratte-ciel semble un quartier perché sur une hauteur invisible, sur un rocher à pic dissimulé derrière les maisons du premier plan. Et puis, derrière cette masse monstrueuse, une autre plus monstrueuse nous apparaît, et l'on arrive enfin au pied d'un de ces géants, et le doute n'est plus possible; alors on se met instinctivement à compter les étages, et l'on éprouve une joie enfantine à découvrir une maison encore plus haute que les précédentes : vingt, trente, trente-cinq, quarante, et enfin, le géant des géants, le Mont-Blanc des maisons, le dernier-né de l'illustre lignée, le Woolworth Building. Il a l'aspect d'une cathédrale gothique : le vaisseau en est formé par le bâtiment principal, qui n'a guère qu'une trentaine d'étages ; puis le tiers antérieur se prolonge, se hausse vers le ciel, arrive à la hauteur vertigineuse de 260 mètres et au chiffre de 57 étages habitables ; trois étages supérieurs sont purement ornementaux et forment un clocheton doré, visible au loin.

Le hall inférieur, en forme de croix grecque, est la gare des ascenseurs ; il y en a une vingtaine ; au-dessus de chacun, on lit sa destination : express jusqu'au 20e, omnibus au-dessus ; express jusqu'au 30e ; express jusqu'au 40e. C'est ce dernier que j'ai pris ; cette ascension vertigineuse donne une sensation étrange quand surtout on prend conscience que l'on est soutenu par une mince plaque métallique au haut d'un puits de plus de 200 mètres. Mais quelle vue du haut du clocheton supérieur ! La carte de New-York s'étend à vos pieds ; voici la longue île de Manhattan, le New-York proprement dit, étroite langue de terre étirée du Nord au

Sud, et dont la pointe fait face à la passe du port, tandis qu'à droite est le faubourg de New-Jersey, à gauche celui de Brooklyn. Sur l'extrémité de cette langue de terre, toutes les activités américaines se concentrent; voici le port, le second de la terre; voici Wall Street, la ville de la finance. Sur quelques hectares se traitent toutes les grandes affaires d'un peuple de cent millions d'âmes, d'un commerce extérieur de près de vingt milliards, d'un commerce intérieur incalculable. Aussi, le sol de cette fin de l'île a pris une valeur inouïe, et ne pouvant étendre la terre, on a fait jaillir les maisons jusqu'au ciel; toutes sont des bureaux, du haut en bas réservées aux affaires, aux business. Ici, Business est Dieu, et le Woolworth Building est son temple le plus superbe.

On a beaucoup médit des gratte-ciel et on les a beaucoup maudits. Ils me plaisent, pourtant. La première surprise passée, on admire l'œuvre humaine; et puis, même avec leurs masses rigides et monotones, ils ne sont point dépourvus de beauté. Sous un vif soleil, les contrastes éclatent; les cimes des bâtisses resplendissent de clarté, tandis que les rues, à leurs bases, semblent des choses perdues dans l'ombre, des canyons étranges où se meuvent des foules. Le soir, quand l'électricité s'allume de la base au sommet, toutes les larges baies sans rideaux s'illuminent, et ces immenses transparents lumineux, plaqués sur le ciel sombre, prennent des proportions fantastiques.

...Sur le Broadway, le soir : l'affiche lumineuse règne, sévit, terrorise ; je suis certain que 20 kilomètres au moins de cette artère centrale sont jalonnés par les inventions les plus déconcertantes : feux fixes des grandes enseignes, feux intermittents des restaurants et des théâtres ; ici la cascade incandescente d'une bouteille de champagne haute de deux étages, ou le bouillonnement polychrome d'un verre de bière débordant. Un vaste pan de mur en avancée barrait le Broadway, quelle aubaine ! une réclame de cigarettes s'en est emparée, et tout le long de la soirée, une danseuse sévillane, haute de quatre étages, exécute quatre pas de danse avec la régularité d'un chronomètre. Le clou, c'est un peu plus loin, le quadrige étincelant où le char et le corps des chevaux sont immobiles mais où les pattes, par le jeu des lumières allumées ou éteintes, semblent exécuter les mouvements d'un galop forcené. Les Américains sont très fiers de leurs enseignes lumineuses et de leur Broadway nocturne, qu'ils appellent *the gay white way*.

Un rassemblement autour d'une automobile ; j'accours : un homme, le visage entouré de linges blancs, un bras en écharpe, soutenu par un autre vêtu de noir, tous deux immobiles. La foule s'interroge du regard : comment l'accident est-il arrivé ? sans doute il a été soigné à cette pharmacie, tout à côté. Mais soudain la devanture de cette pharmacie s'illumine ; un homme, debout au milieu des pots d'onguents, frappe impérieusement à la vitre pour réclamer l'attention et montre à la foule assemblée des pancartes qui proclament la toute puissance de ses produits. Je m'esquive, mais la mise en scène était bien trouvée.

C'est l'heure du lunch ; les gratte-ciel dégorgent la foule d'employés qui se précipitent pour leur repas d'une demi-heure. Mais voici qu'ils s'attardent, contre leur coutume. C'est qu'arrive majestueusement un lourd camion automobile ; le bas est une vaste cage où, parmi la paille, s'ébattent et s'esbaudissent de joyeux porcs tout roses et tout naïfs. Sur la plate-forme six gaillards vêtus de blanc tapent à tour de bras sur de grosses caisses ou « soufflent dans des cuivres ainsi que des démons ». C'est une réclame pour les « meilleures saucisses du monde » Quelle musique ! Elle me semble faite pour leurs voisins de la cage, plutôt que pour les passants ; il est vrai que je ne suis pas Américain.

Le rythme de la vie, à New-York, est imposé par les distances ; l'extrémité sud de l'île de Manhattan est le cœur, le foyer d'appel, le centre d'une vie intermittente, de 9 heures du matin à 5 heures du soir. De 20 à 50 kilomètres à la ronde, financiers, employés affluent aux heures matinales, et toute cette nuée s'éparpille le soir venu.

De 5 à 6 heures du soir, tous les moyens de communication sont pris d'assaut : subway électrique souterrain, tramways, trains élevés au premier étage, bacs à vapeur, tubes sous l'Hudson, trains sur les ponts gigantesques. Certaines gares de croisement ont un mouvement qui défie toute comparaison, même avec le Métropolitain de Paris à la fin de l'après-midi ; dans l'année qui a fini le 30 juin 1913, les divers moyens de transport de New-York ont été empruntés par 1 milliard 800 millions de voyageurs.

L'intérieur d'un car est un spectacle étrange ; on y voit des gens lisant des journaux dans les langues les plus diverses, qui tous ont été imprimés à New-York : feuilles italiennes, hongroises, bulgares ; caractères grecs, russes, chinois, hébreux. Car New-York se vante d'être la capitale des Juifs dans le monde (plus d'un million de Juifs) comme aussi la capitale des Grecs, des Arméniens, des Italiens peut-être, et de bien d'autres peuples encore. On reste confondu devant le spectacle de cette attraction mondiale, devant ces migrations permanentes qui dépassent en ampleur les migrations fabuleuses des premiers âges. Mais de cette Babel moderne, comment faire sortir une nation ? C'est à l'école américaine qu'échoit la lourde tâche de résoudre ce problème.

De l'Atlantique au Pacifique

San-Francisco, 20 décembre 1913.

Moins rapide que mon illustre prédécesseur, Philéas Fogg, j'ai mis plus de trois semaines pour traverser les État-Unis ; il est vrai que j'ai fait quelques détours : Philadelphie, Washington, Pittsbourg, Chicago, San-Francisco, voilà mes étapes. Elles m'ont permis de voir des aspects caractéristiques de l'immense contrée : l'Est, très moderne et très européanisé ; la Prairie, avec le centre extraordinaire qu'est Chicago, les déserts de l'Ouest, les bords méditerranéens du Pacifique.

Philadelphie, énorme agglomération d'un million et demi d'habitants est à 2 heures de New-York. Ville des Quakers ou secte des trembleurs, elle garde un cachet d'austérité ; j'y arrive un dimanche soir, la ville est morte, les rues sont vides ; le repos dominical y règne dans toute son horreur puritaine. Dans un coin obscur de l'immense bâtisse du City hall, un orateur s'est hissé sur un retable de granit ; il distribue des programmes d'une fête scolaire ; mais soudain, comme deux sergents de ville approchent, il fait un plongeon dans la foule et disparaît. Je le rattrape comme il se faufile à l'angle du monument ; il ne veut pas tout d'abord répondre à mes questions, puis il consent à s'expliquer, mais dans une autre langue que l'anglais, de peur de la police. Il me raconte donc en fort mauvais allemand qu'il fait campagne contre le repos dominical ; les programmes scolaires distribués ne sont qu'une ruse de guerre ; s'il était pris, il serait puni très sévèrement, comme portant atteinte à des convictions religieuses... Mais les puritains ne portent-ils pas atteinte à des convictions aussi respectables ?

Washington est certainement la ville qui donne le plus l'impression d'une cité européenne. Peu ou pas d'usines ni de fabriques dans le centre ; pas de charrois dans les rues principales ; peu ou pas de bâtisses monstrueuses ; des avenues asphaltées où glissent d'innombrables automobiles, des flâneurs devant les magasins, une cité de rentiers, de fonctionnaires, d'hommes politiques. J'ai passé mon temps dans les ministères, et comme il n'y avait d'huissier nulle part, je n'ai pas fait antichambre. On entre partout sans frapper ; on s'adresse directement aux chefs de service ; mais il faut être bref ; en quelques minutes on doit avoir épuisé son sujet.

Le ministère de l'Instruction publique ne répond guère aux institutions similaires de l'Europe ; comme chacun des Etats de l'Union est souverain en matière d'éducation, il doit se borner à enregistrer les statistiques qu'on lui fait parvenir ; pourtant il essaie de jouer un rôle ; il donne des conseils généraux ; il vient de trouver un moyen d'action nouveau : il a classé, par ordre de mérite, Etats, établissements, pour susciter l'émulation ; il sent combien serait bienfaisante une centralisation au moins esquissée, et la constitution ne la permettant pas, il tente de la créer subrepticement par des moyens détournés.

Il est un édifice à Washington où les Américains entrent avec une timidité respectueuse ; chapeau bas dès l'entrée, ils parcourent dans un silence religieux les corridors de marbre, les escaliers de porphyre, les salles resplendissantes de dorures : c'est la bibliothèque nationale ou bibliothèque du congrès. J'avais déjà noté au musée métropolitain de New-York cette vénération pour les œuvres d'une culture supérieure : admirable disposition d'esprit pour arriver peu à peu — plus tard — à les comprendre.

La visite qui, à Washington, m'a le plus émerveillé, c'est celle du bureau central de statistique ; on terminait le travail de recensement général de 1910 : 90 millions d'individus à classer selon les âges, l'origine, le sexe, les occupations, la religion et bien d'autres choses encore! Tout est fait par des machines ; le seul travail exécuté par un homme est l'établissement de la fiche individuelle de chaque citoyen : c'est un rectangle de carton de 15 centimètres sur 10 environ, contenant à peu près 200 subdivisions ; une série de trous circulaires, en des endroits précis, bien repérés, donne toutes les indications nécessaires sur l'individu recensé.

Il suffira dès lors de faire passer ces cartons dans les machines appropriées pour avoir tous les chiffres désirables, soit pour l'ensemble des Etats-Unis, soit pour un état particulier. Telle machine, que j'ai vue fonctionner électriquement, totalise divers résultats et les imprime en colonne ; elle donnera, par exemple, par Etat, le nombre de nègres illettrés entre vingt et cinquante ans. Le seul travail qui nécessite l'intelligence humaine est donc la confection des fiches avec leurs trous savamment répartis : un employé bien entraîné en établit 10.000 par jour.

Pittsbourg, tant de fois décrit par les voyageurs, me laisse une impression d'horreur mêlée d'admiration. Tout ce que notre Flandre industrielle, le sillon de Sambre, la Westphalie allemande ou le pays noir anglais peuvent offrir de brumes crasseuses, de forêts de cheminées crachant des torrents de fumée noire, de brumes empestées qui flottent éternellement autour des puits de mine, des fonderies, verreries et autres enfers humains, vous le retrouverez agrandi, intensifié, aux creux des tristes montagnes de Pensylvanie.

Du haut d'un des gratte-ciel de la cité, j'ai vu un soir la ligne infinie des usines ; les langues de feu des fonderies et des verreries trouaient çà et là les nuées noirâtres, et de cette cité où peinent devant les foyers ardents des milliers de Russes, de Hongrois, de Bulgares, au service des grands financiers américains, montait une immense clameur.

Un souvenir inoubliable, c'est la visite aux aciéries de la compagnie Carnegie ; ici, vingt fours à reverbère vomissent l'acier rutilant ; là, des presses retentissantes manipulent ces blocs d'acier encore rouges, en forment des lingots qu'elles découpent avec une aisance surprenante ; continuant leur route sur des séries de cylindres, ces lingots viennent se présenter à d'autres machines et docilement s'aplatissent en plaques de blindage ou s'étirent en poutrelles... et perpétuellement arrivent les trains de minerai rougeâtre, perpétuellement les fours vomissent le métal incandescent qui s'en va sans relâche de machine en machine dans un fracas épouvantable. Mais surtout, ne vous perdez pas en rêveries ! Du haut des halls obscurs, des ponts articulés vont, viennent, tournent à angle droit, brandissent les lingots rougis, enlèvent des piles de matériaux, insoucieux des faibles hommes qui peuvent s'agiter ou s'attarder dans cet empire des machines.

Chicago, cité de baraques éparpillées sur 500 kilomètres carrés, c'est-à-dire sur une surface six fois plus grande que celle qu'occupe Paris, est la grande métropole du centre, le nœud de voies ferrées de l'Union, le marché agricole, le grand port de la navigation intérieure, le type de la ville champignon américaine. Village de 100 habitants en 1830, brûlée totalement en 1871, elle compte bien près de 2.500.000 habitants en 1914. En la parcourant, on a l'impression de traverser un campement ; de vastes terrains vagues séparent des groupes de cabanes d'immigrants ; partout on sent le provisoire, l'inachevé. Cependant, sur la rive du lac, le quartier des banques se donne l'allure de la ville moderne ; les blocs massifs des maisons dressent leurs innombrables étages et, plus au nord, dans le quartier des résidences, des villas élégantes s'égrènent le long d'un parc bien entretenu. Mais la ville a, dans son ensemble, une allure bruyante, rude, qui fait pressentir le Far-West des cow-boys et des camps de squatters : enfants en haillons dans les rues, dans les écoles mêmes, hommes vêtus en gentlemen conversant bruyamment en roulant la chique nationale... nous sommes ici à vingt ou trente ans en arrière de New-York et des villes de l'Est. Vous conterai-je la visite classique aux abattoirs Armour? La description en est partout ; les vues seules en seraient intéressantes.

...Et maintenant, je roule vers l'Ouest prestigieux; de dimanche soir à 9 heures et demie à mercredi soir à 9 heures, sans descendre de wagon, j'ai vu défiler les immenses champs de maïs du haut Mississipi, puis les prairies du Missouri avec leurs troupeaux d'innombrables bœufs rouges. Et puis, après les premières rangées des montagnes Rocheuses, ce fut le désert ; toute la journée du mardi 8 décembre, des monts de Laramie au Grand Lac Salé, le train courut à travers un paysage assez semblable aux hauts plateaux algériens : écroulements calcaires, « buttes-témoins » isolées et escarpées comme les Kelaa africains, touffes d'herbes rampantes sur les plaques d'alluvions sableuses. Le lendemain mercredi, le paysage était aussi désert, mais le caractère des monts avait changé ; c'étaient maintenant des cônes volcaniques, des masses de basalte, tout un moutonnement de croupes rougeâtres, un paysage heurté et bouleversé.

Vers midi, nous traversons la Sierra-Nevada et, pour la première fois depuis deux jours, je vois des arbres : paysages alpestres, forêts de pins au tronc rougeâtre, neiges accumulées sur les pentes ; le train passe pendant 40 kilomètres sous des boisages pare-neige. Enfin nous atteignons le versant pacifique : dès ce moment commence une descente vertigineuse, un changement à vue ravissant ; du domaine alpestre, nous voici à la forêt feuillue, puis apparaissent, çà et là, les premiers vergers ; des palmiers, des orangers chargés de fruits, des vignobles ; enfin, tout en bas, dans une buée chaude, les riches campagnes verdoyantes : nous traversons les champs heureux de l'Eldorado américain, de la toujours tiède Californie.

A travers l'Amérique tropicale

Rio de Janeiro, 22 mars 1914.

La Louisiane, nom très doux aux oreilles françaises ; souvenir d'un de nos rois et d'une noble page de notre antique histoire coloniale ; féminin à l'inflexion familière et charmante comme un prénom aimé et qui dit si bien la langueur troublante du paysage !

J'arrivais de la Californie méridionale, en zig-zag à travers l'Arizona et le Texas ; j'avais vu le Grand Canyon du Colorado, le spectacle le plus grandiose, le plus formidable que j'aie jamais contemplé, j'avais traversé les dunes de sable qui bordent la frontière du Mexique et les plateaux du Mississipi. J'étais encore aveuglé de lumière crue, habitué aux horizons implacablement nets des régions sèches, aux contrastes violents des matins glacés et des midis brûlants.

Je quittai le soir San Antonio de Texas et m'endormis bientôt, la nuit précédente ayant été singulièrement agitée par un accident de chemin de fer. Au réveil, quel étonnement ! Une atmosphère tiède et molle, un ciel nuancé où flottent des vapeurs légères, un horizon estompé, des forêts noyées dans les brumes, de l'eau qui traîne partout, au bas des remblais, au creux des sillons, dans les rizières à perte de vue, le long des files interminables des cotonniers. L'eau, voilà la magicienne qui a changé soudain le paysage — élément féminin par excellence, qui adoucit les contrastes, amortit les clartés trop vives, enveloppe, s'insinue et semble murmurer des paroles de paix et d'oubli.

La Nouvelle-Orléans est fille des eaux : née sur les bords incertains du Mississipi, entourée des bras morts du grand fleuve et sillonnée de ses canaux ou bayous, elle éparpille ses légères maisons de bois sur les alluvions imbibées d'eau, elle baigne dans les brumes tièdes du golfe du Mexique tout voisin, elle somnole dans une atmosphère de mollesse et de langueur qui tranche sur la vie nerveuse, tendue, trépidante des autres cités d'Amérique ; *city of care forgot*, disent les Yankees, ville du gai nonchaloir, c'est bien le nom qui convient à la belle cité créole.

La Nouvelle-Orléans est réellement formée de deux villes juxtaposées, séparées par la grande artère principale, Canal Street, où sur cinq voies parallèles circulent sans relâche les trams bourdonnants. Au nord, c'est la vieille ville française, aux ruelles étroites, aux maisons sombres, aux corridors gluants de l'humidité qui monte du fleuve. Les superbes garnitures de fer forgé qui ornent de leurs entrelacs savants les galeries des premiers étages, témoignent de la splendeur passée. Mais les façades maculées, les angles disjoints, les plâtras tombants crient la décadence et la misère présentes.

Les rues ont gardé leurs noms français. Celles qui débouchent dans le Canal Street ont encore une activité particulière à partir du soir ; c'est le centre de la vie de nuit, plus exubérante et plus libre ici que dans les autres villes américaines. La somptueuse demeure du planteur est devenue l'endroit où l'on s'amuse, ou bien, déchue plus encore, le bouge à matelots.

Au sud, c'est la ville nouvelle aux larges boulevards plantés de palmiers décoratifs ; les maisons en lames de bois imbriquées, à galeries ouvertes, s'élèvent au milieu de jardinets fleuris, drapées de plantes grimpantes ; l'avenue Saint-Charles est ravissante, avec ses beaux parcs de chênes centenaires, ses bosquets de magnolias, ses bouquets de palmes ondulantes. Le contraste entre les deux villes est attristant ; cet élément créole français qui s'éteint dans la misère, c'est un peu de notre glorieux passé qui disparaît, dans cette Amérique qui fut presque nôtre.

Il y a quelques années, M. Damour, alors vice-consul de France, songea à renouer le lien qui rattacha cette société créole à la France ; il obtint une subvention annuelle de 13.000 francs du gouvernement français et l'on fonda l'Alliance franco-louisianaise (1909). L'association est des plus florissantes ; les cours ont lieu dans les écoles primaires municipales en dehors des heures de classe ; dirigés par un excellent professeur français, ils comptent maintenant mille huit cents élèves. Mais sur ce nombre, cinquante seulement viennent de familles de langue française, les autres sont des Américains désireux d'apprendre notre langue : le gain ne compense pas la perte. Puisque nous élevons des instituts français à Pétersbourg, au Caire, à Florence, ne devrions-nous pas en établir aussi dans d'antiques centres de culture française, comme Montréal et la Nouvelle-Orléans? N'est-ce pas à la métropole qu'incombe le devoir de venir en aide à ses enfants les plus menacés, de les instruire dans leur propre langue et de leur donner une culture moderne et pratique qui leur permette d'affronter la concurrence si âpre de l'élément américain? De simples cours de langue française finissent forcément par s'adresser aux étrangers : c'est un institut français seulement qui peut relever l'élément français et le sauver de la misère.

Passer de la Louisiane à la Floride, c'est aller des grasses rizières aux sables arides. Je garde un souvenir très vif de Jacksonville, le port de la côte atlantique. En un radieux dimanche matin de la fin janvier, je vis, du haut de la tour de la grande banque provinciale, se dérouler le paysage monotone de l'immense plaque de sable blanc qu'est la presqu'île floridienne, à peine émergée des eaux. De nouveau ici, la sécheresse de l'air accuse les contrastes ; le soleil flamboyant découpe en arêtes vives les masses de pins sombres, les clairières éblouissantes, les flaques où somnolent les innombrables alligators. Au soir, tandis que le train m'emportait vers le sud à travers les solitudes de la péninsule, j'admirai plus encore la vigueur virile du paysage aride : çà et là, le flamboiement subit des sous-bois que l'on brûle méthodiquement l'hiver pour éviter les terribles incendies d'été, lueurs qui courent en feux follets dans les futaies profondes ; puis sur le ciel qui s'illumine du rougeoiement éclatant du couchant, le lacis fantaisiste et précis des ramures des pins, la silhouette grêle des premiers cocotiers, la draperie légère de la mousse d'Espagne dont les flocons semblent s'éparpiller dans le ciel.

Quand je me levai le matin et vins me promener sur la plate-forme arrière du wagon d'observation, le train courait sur la mer ; pendant deux heures d'express nous avons roulé ainsi sur une étroite bande de ciment construite sur les écueils madréporiques à fleur d'eau, afin de joindre au continent le puissant point d'appui de la flotte américaine, Key West, projeté en plein golfe en face de Cuba. Six heures après, doublant, dans le bateau poste américain, les rochers aigus et les tours jaunies du Castel Morro, j'entrais dans l'étroite échancrure de la baie de La Havane.

Je voudrais pouvoir décrire la grande île et ses sœurs des Antilles : la vieille cité de la Havane aux rues prudemment étroites pour se garer du soleil, aux maisons bardées de grilles afin de pouvoir ouvrir, le soir venu, toutes les baies, pendant toute la nuit; — la traversée de l'île dans toute sa longueur à travers les champs de canne à sucre, les fourrés denses, les vastes forêts d'arbres étranges, aux troncs blancs éclatants ; — puis Santiago de Cuba dans ses rochers, torride le jour, délicieux la nuit ; la Jamaïque aux énormes montagnes verdoyantes et sa capitale Kingston ceinte de jardins fleuris ; Port of Spain dans la Trinité anglaise, avec sa savane élégante, son aristocratie d'émigrés français, ses riches planteurs d'origine corse, ses réfugiés de la

Martinique, toute cette société française si accueillante ; la Barbade enfin, le coin du monde le plus peuplé, évocation des campagnes françaises, avec le damier de ses petits champs multicolores, relique des premiers temps de l'histoire coloniale anglaise,... j'ai égrené ces quelques perles du riche collier des Antilles et leur chatoiement m'a ravi.

Un romancier nous conte que des enfants arrêtés devant le Bosphore se refusaient à admettre que d'un côté fût l'Asie et de l'autre l'Europe « parce que des deux côtés c'était la même chose ». Ces enfants eussent été satisfaits, en arrivant dans l'Amérique du Sud. Dès l'abord on s'aperçoit qu'on a changé sinon de continent, du moins de climat, de terre et de peuplement. En écrivant ceci, j'ai la vision de la côte vénézuélienne aux masses sombres surplombant la mer ; je revois le chemin de fer de la Guayra à Caracas, capitale du Vénézuéla : une bande étroite de sable — quelques cocotiers aventureux balancent leurs panaches au haut de leurs troncs grêles et démesurés, penchés de tous côtés comme en quête d'appui, secoués par le vent du large. Puis cette étroite bande passée, c'est l'escalade de la montagne. Le petit train de deux voitures s'accroche aux flancs énormes, grince, souffle, crache, gémit de tous ses essieux ; nous passons et repassons des ravins pierreux où s'étalent les ricins géants, où pendent les fruits du papayou ; nous côtoyons les abrupts où, sur la terre rouge et croulante, se tapissent les cactus ; un instant nous traversons une cluse ouverte au nord, arrosée d'un torrent et c'est pour un clin d'œil la vision de la verdure épaisse, des feuillages inconnus, d'un peuple d'oiseaux inconnus dans les branchages. Le train monte toujours et l'horizon s'élargit ; en quelques heures, nous avons dépassé 1.000 mètres d'altitude ; nous voici du côté du plateau intérieur, raviné, dénudé, désert. Et plus loin la capitale apparaîtra, avec ses petites maisons espagnoles, sans étage, peintes en jaune, ramassées au fond d'un cirque naturel, cerné par des mamelons pelés.

Mais la sensation vraiment nouvelle, c'est dans les Guyanes qu'il faut la chercher. Ce qui frappe au premier abord quand on débarque dans une des villes, à Georgetown par exemple, c'est l'étrange confusion des races : fonctionnaires anglais, élancés, sportifs, impeccables ; marchands de caoutchouc de Vénézuela ou de Brésil, à face tannée, habitués à vivre revolver au poing dans la haute forêt ; chercheurs d'or des plateaux des Etats-Unis ou de l'Alaska, et puis toute la gamme des gens de couleur : le nègre évident, resté pur depuis l'arrivée de ses ancêtres, les premiers Bantous, apportés par les négriers ; le Caraïbe jaunâtre, antique pirate de ces parages ; l'Hindou souffreteux amené depuis peu par les Anglais et, pour lui faire pendant, le Javanais amené de leur côté par les Hollandais ; et puis des métis de toutes ces races mélangées.

Il faut les voir au cinématographe : les Asiastiques impassibles, mais les nègres extraordinairement émotifs et bruyants, éclatant en bravos délirants, dès que le traître a été démasqué, le huant avec une sincérité délicieuse, se pâmant d'aise devant sa confusion. Mais il ne faut pas leur présenter des choses compliquées. Une troupe anglaise représenta *Hamlet* dans une salle de la ville ; les nègres, friands de spectacle, se gardèrent d'y manquer ; en bas, le Tout-Georgetown collet monté ; dans une galerie resserrée, le public nègre. Hélas! quel chapitre à ajouter à l'histoire de Shakespeare : Hamlet chez les Noirs ! Ils prirent ceci pour une farce excellente, et se tordirent littéralement aux beaux endroits, par exemple... la malédiction du spectre, la folie d'Ophélie, le duel et la tuerie de la fin ; la pièce finit dans le fou-rire. Pauvre Hamlet ! Pauvre Shakespeare !

Le paysage guyanais est étrange. J'ai accompagné de Paramaribo à cent kilomètres dans l'intérieur, à travers la forêt équatoriale, un chercheur d'or canadien, arrivé des mines glacées de l'Alaska ; nous partîmes avec ses cinq nègres, ses provisions, ses armes et je le laissai au bord de la Saramacca qu'il devait encore remonter pendant cinq jours en pirogue avant d'arriver à son placer. Quel flamboiement des midis ! Quel entrelacement de fourrés et de liancs ! Quel monde étrange et imposant, et combien une vie humaine y est peu de chose ! Mon Canadien devait m'écrire quinze jours après s'il vivait encore. Je n'ai plus reçu de ses nouvelles.

Une Visite au Canal de Panama

Une côte plate, quelques bouquets de palmiers et de cocotiers, une agglomération de baraques en bois, un barbier français, un changeur espagnol, un bazar chinois, un bar américain, des nègres partout, c'est Çolon, enclave de la République de Panama dans la zone du canal que les Américains se sont réservée, port d'attache des bateaux de l'Atlantique, en attendant que les Américains aient fini de lui substituer Cristobal, tout à côté, mais dans leur zone même.

Vingt minutes de chemin de fer et vous avez traversé l'étroite plaine côtière où le canal est en communication directe avec l'Atlantique dont les eaux viennent librement, au bout du chenal creusé dans la vase, battre le seuil des énormes écluses : voici le gigantesque escalier où les Léviathans modernes se hausseront de vingt-huit mètres, les écluses de Gatoun.

La conception est grandiose. Il y avait là un torrent, le Chagres, un rio tropical de caractère indomptable, tyran d'une vallée qu'il saccageait dans ses brèves colères, impossible à utiliser pour alimenter un canal, qu'il aurait comblé de gravier en une seule crue. Rivière, il était une catastrophe; on en a fait un lac et le voilà inoffensif. Mais il a fallu barrer sa vallée inférieure à son débouché dans la plaine côtière, à Gatoun, par une digue longue de plus de 2 kilomètres, large à sa base de 800 mètres, haute de 35 mètres.

Derrière cette digue, close définitivement, les eaux des vallées intérieures se sont accumulées et forment un immense lac de 6.500 hectares, aux ramifications innombrables, semé d'îles, où les vaisseaux navigueront dans un chenal balisé, en se guidant sur les feux des phares.

La digue est coupée en deux endroits; au milieu par le déversoir, muni de turbines, où le trop-plein du lac est utilisé pour produire force et lumière nécessaires aux grandes écluses; à l'extrémité nord de la digue, se trouvent les écluses. C'est un double canal de béton où, par trois échelons successifs, on monte du niveau de l'Atlantique à celui du lac artificiel, trois couples d'écluses qui forment un bloc de maçonnerie long d'un kilomètre. Le fond de l'écluse inférieure est à 14 mètres au-dessous du niveau de l'Océan ; le niveau de l'écluse supérieure, à 28 mètres au-dessus. A mon passage, une des écluses était vide, l'effet en est saisissant; c'est un trou béant de plus de 20 mètres de profondeur, long de 300, large de 100, absolument étanche, derrière ses puissantes portes de fer boulonné par-delà lesquelles on voit onduler à perte de vue les eaux du lac.

Les bords des écluses sont plats et débarrassés de tout engin; toute la machinerie est à l'intérieur du grand mur qui sépare les deux séries d'écluses parallèles, et tout est mû à l'électricité (fournie par la chute d'eau du déversoir) : les grandes roues dentées qui ouvrent en deux minutes les portes des écluses lourdes de 700 tonnes, les vingt-quatre chaînes massives qui protègent les portes contre les fausses manœuvres des navires, les valves puissantes qui amènent sous le plancher de l'écluse les eaux du lac pour la remplir en quinze minutes; le tout sera actionné par quelques leviers dans une chambre-vigie élevée que l'on est en train de construire. Quelques ajusteurs, quelques peintres mettent çà et là la dernière main à l'outillage, nettoient, tiennent en état, attendant un signe pour que ronflent les moteurs, mugissent les cataractes d'eau, s'ébranlent les portes massives et passent superbes les longs courriers d'un océan à l'autre. Mais le signe ne vient pas, les machines restent oisives et enchaînées ; un dieu hostile sépare obstinément les océans, comme autrefois le géant Adamastor au cap des Tempêtes ; c'est dans son royaume des éboulis et des terres mouvantes qu'il faut aller, dans ce défilé où luttent obscurément depuis trente ans, depuis l'entreprise française, des milliers de travailleurs ; j'irai demain à la Culebra.

A sept heures du matin, le train part pour Panama et va traverser l'isthme en deux heures. Voici bientôt Gatoun et ses écluses silencieuses ; puis voici le lac artificiel que la voie longe — et parfois traverse — pendant trois quarts d'heure ; ici une forêt noyée et dont tous les arbres sont morts ne laisse émerger que le fouillis inextricable de ses branchages desséchés; du milieu de ces squelettes blanchis, quelques plantes d'eau d'un vert insolent brandissent leurs hampes victorieuses; ailleurs, dorment sous les eaux les restes d'un village dont les habitants ont été dispersés. De lourdes buées séjournent sur les eaux stagnantes en ce matin de janvier et voilent par instant la forêt dense dont on longe la lisière et ses étranges arbres des tropiques aux gracieuses palmes ou aux larges feuilles charnues. Puis la voie quitte le domaine des eaux, divorce avec le canal qu'elle laisse seul s'engager dans la redoutable saignée après Gamboa et, grimpant une rampe, va circuler autour des collines avant de redescendre dans la plaine Pacifique.

C'est au milieu des collines que je m'arrête, dans un site merveilleux, où l'administration a construit les bureaux et les habitations privées de ses employés. Coquettes et légères constructions de bois, presque à claire-voie, elles peuplent capricieusement le sommet et le penchant des collines, exposées à une brise délicieuse, parées d'un vêtement léger de plantes grimpantes, reliées à la station par un service d'omnibus, largement approvisionnées à bas prix par les soins du service des subsistances. Les familles vivent là avec le confort nécessaire dans les pays tropicaux, dans la région la plus saine de la zone, où d'ailleurs la fièvre jaune, si meurtrière à l'époque de nos travaux, a été définitivement vaincue par la suppression du moustique propagateur.

La demeure du directeur des travaux du canal, le colonel Gœthals, domine la cité éphémère, au haut d'une colline d'où le regard plonge sur l'entrée du défilé redoutable, et — ironie du sort — de là même, on aperçoit le plissement de terrain qui, en octobre dernier, quand les travaux semblaient terminés, vint boucher complètement le canal : c'est le défilé de la Culebra, entre les deux collines qui en resserrent l'entrée, Gold Hill et Contractors Hill. Là était le faîte de la ligne de hauteurs qui longe dans l'isthme la côte du Pacifique ; on a dû couper dans les terres et la roche plus de cent mètres de profondeur ; l'œuvre humaine rivalise avec les créations grandioses de la nature ; le canal, excavé par les Français, puis par les Américains, donne l'impression d'un défilé sauvage ; mieux encore, vu en ce moment d'activité fiévreuse, avec, au fond, dans l'ombre obscure des collines, les dragues attaquant la terre, vomissant des torrents de vapeur et de fumée, dans le fracas des coups de mines et le halètement des locomotives, cette porte ouverte dans la montagne a un aspect titanique et mystérieux.

J'ai voulu voir de près les glissements et, quittant les collines radieuses, je suis descendu dans les terres remuées pour examiner la succession des couches croulantes dont est faite cette zone. Région essentiellement instable et volcanique, l'isthme a été soumis à des immersions répétées dans la mer, des volcans se sont ouverts puis ont disparu, des poussées de basaltes ont percé les sédiments fragiles, si bien que la contexture du pays est maintenant à peu près la suivante : lits horizontaux et alternés d'argiles, de cendres volcaniques, dépôts marins et dépôts terrestres; couches de lignite provenant d'une végétation soudain ensevelie, puis, au milieu de la hauteur, une coulée volcanique de laves anciennes de 5 mètres environ d'épaisseur (andésite grise qui enserre des troncs d'arbres de 30 centimètres), puis à nouveau, au-dessus de cette carapace, recommencent les dépôts alternés. Au travers de ces couches horizontales, à une époque récente ont percé des intrusions basaltiques, des dykes de roche compacte et noire dressée verticalement, qui constituent les collines ; en même temps, des décrochements ont coupé de failles les alluvions meubles.

On comprend, dès lors, le mécanisme des accidents du canal : les terrains meubles, entre les collines résistantes, s'écroulent à mesure que l'on approfondit le canal ; le dernier glissement a eu lieu, précisément, entre le Gold Hill et le Cucaracha Hill, dès quc, par un geste magnifique du président Wilson, la digue de Gamboa ayant été ouverte, l'eau fut introduite dans la coupure ; et, maintenant, la pression des terres meubles est telle sur les bords, que le fond même du canal, en cet endroit, s'exhausse lentement. En dépit des efforts des ingénieurs américains, malgré les six dragues acharnées aux éboulis et les monitors qui, au revers opposé de la colline, tentent de faire écrouler le reste des argiles sur l'autre versant, il faudra au moins dix mois pour enlever les terres croulantes en cet endroit et rendre au canal sa forme première. Ce qui aggrave, en effet, la friabilité de ces sédiments, ce sont, d'une part, les travaux même d'approfondissement, les coups de mines qui attaquent les basaltes des collines en bordure, et c'est, d'autre part, le ruissellement intense de cette région, où les averses tropicales, comme celle qui m'atteignit au moment même où je faisais ces observations, sont des déluges.

Baigné copieusement et enduit des pieds à la tête, par rejaillissement, des échantillons les plus divers des alluvions que j'avais analysées, je montai dans une chaloupe à moteur pour parcourir la saignée dont je venais d'examiner l'entrée et le point critique. J'avoue que j'éprouvai une certaine émotion à voguer sur ce canal fatidique, qui doit ouvrir tant de voies nouvelles à travers le vaste monde, entre ces collines sombres, creusées par un effort héroïque, et qui verront bientôt passer les plus puissants, les plus formidables aussi, des engins créés par l'humaine industrie. Et, à ce respect de l'œuvre grandiose, se mêlait un souvenir et un regret : des Français avaient conçu l'entreprise, des épargnes françaises avaient ouvert la tranchée, des vies françaises avaient été sacrifiées à foison dans une lutte obscure contre cette nature exubérante et trop peu étudiée alors... Que de fois déjà, en Amérique, j'ai vu ce spectacle poignant : l'Américain triomphant sur les traces du Français mort à la tâche !

Au Brésil

Santos, 3 avril 1914.

J'ai vu Rio et n'ai pas été déçu ; j'en suis encore étonné. Les voyageurs l'ont tant décrit, la photographie a tant reproduit sa baie fameuse que je m'attendais à une fâcheuse désillusion. La photographie n'est-elle pas l'ennemie du voyageur? D'ordinaire elle promet plus que la réalité ne tient. Mais la beauté de Rio de Janeiro résiste à cette épreuve ; j'ai vu son panorama tant célébré et j'ai été saisi d'admiration, et j'en garde la vision radieuse.

J'arrivai en vue de la côte un matin de mars au lever du soleil. Subitement, dans la brusque clarté du jour tropical qui éclate sans transition, des pointes rocheuses se hérissent de toutes parts. Le soleil surprend la brume endormie aux flancs des massifs et la met en fuite ; elle se rassemble un instant encore sur les monts escarpés du fond de la scène, mais le soleil monte à vue d'œil et le rougeoiement de l'aurore s'éteint à peine dans les nuages que déjà le soleil est haut, l'horizon déblayé, le panorama s'ouvre et s'étend net et clair dans une lumière de fête.

A droite, à contre-jour, une masse obscure de montagnes côtières ; à gauche dominant la passe, en pleine lumière, le cône hardi du Pain de Sucre légendaire, aux formes régulières, surgissant des profondeurs d'un seul jet, d'une ligne sévère et robuste. Son granit uni, sans fissure, s'éclaire et se réchauffe des colorations du soleil levant, tandis que des bouquets de pins et de cèdres couronnant sa cime font valoir, par leur grave verdeur, la pourpre sombre du bloc sublime. Tel le colosse de Rhodes classique, tel le géant Adamastor du Cap des Tempêtes, il s'érige au seuil des mers, divinité puissante et sévère. En arrière, le peuple des divinités moindres lui fait cortège : c'est un chaos de rocs fantastiques, cônes ébréchés, récifs, escarpements, falaises à pic, et d'un bloc à l'autre, l'arc élégant d'une plage étroite, où l'œil se repose à suivre le flot qui meurt sur la grève. Tout au loin en arrière, la barrière d'une sierra déchiquetée, aux lignes si invraisemblables que je crus un instant à une fantaisie des nuages ; mais non, c'était bien le profil de la Sierra do Mar, avec le Doigt de Dieu effilé, puis le Géant renversé, dont la tête tremble sous le doigt divin, dont les pieds menacent la ville.

Notre bateau, avançant prudemment, a quitté les flots légers et bleus de l'Océan, il a franchi la passe et évité l'île tapie un peu en arrière, à fleur d'eau, semblable à un sous-marin qui va plonger ; il avance dans l'eau immobile et lourde de la baie. Et maintenant se découvre l'amphithéâtre merveilleux de la capitale. Au ras de l'eau, des bâtisses énormes, des palais, des jardins ombragés de palmiers, puis, dans le poudroiement de la vie déjà intense, apparaissent voilés, comme dans une vision de féerie, les quartiers étagés sur les collines des alentours. Le miroitement de la baie, la grande lumière éclatante des quartiers bas, cette ville mystérieuse qui flotte à mi-côte, puis le cortège de monts fantastiques qui ferment l'horizon, le tout donne une impression d'irréel, de théâtral, d'exotique et d'immense.

De près, l'impression change et un reclassement s'opère. Sans doute le Pain de Sucre garde son prestige ; de son sommet, au soleil couchant, le spectacle est prodigieux. Çà et là dans la ville, le surgissement des pointes granitiques escarpées est une surprise toujours nouvelle. Les parcs en bordure de la baie, les ravins à végétation luxuriante sont d'une beauté saisissante. Mais on apprend que ces demeures pittoresquement étagées sur les collines sont de pitoyables chaumières, où s'entassent, s'étiolent des populations noires, sans rues, sans éclairage, sans canalisation et dont la tâche journalière essentielle est de venir chercher au centre de la ville basse, sur une place où s'alignent une cinquantaine de robinets de cuivre, l'eau si parcimonieusement mesurée. En réalité, dans ce cadre prestigieux où la nature a réuni les plus rares beautés, la mer partout présente, la montagne grandiose, la végétation tropicale, un éblouissement de lumière et de couleurs, l'homme a longtemps vécu misérablement. La splendeur des quartiers de la baie est récente; pour en finir avec la fièvre jaune installée à demeure au bord de la mer, pour faire honneur à ses hôtes du Congrès Panaméricain, pour célébrer dignement l'anniversaire de sa liberté, la grande ville a fait toilette ; avec un sens admirable des perspectives, on a ouvert cette Avenida Rio Branco, qui commence sur le port des grands transatlantiques, qui finit sur la baie antérieure et dont on découvre à chaque pas la silhouette glorieuse du Pao d'Assucar. Et ainsi le Brésil présente à l'étranger qui débarque dans la capitale une façade somptueuse dans un décor unique au monde.

La première chose qui m'a frappé en me promenant dans les rues, c'est la proportion considérable des hommes de couleur; le type blanc pur est rare, il décèle le plus souvent la provenance européenne récente. Quant on vient des États-Unis où l'indigène est exterminé, le noir tenu à l'écart, quand on a passé par les Antilles anglaises où l'élément anglo-saxon conserve si jalousement la pureté de sa race, le contraste est évident. Ici pas de préjugé de race ni de couleur. Rouges, Noirs, Blancs, peut-être même Jaunes se croisent, se fondent en un métissage qui défie l'analyse. Le teint chaud, tirant sur telle ou telle nuance accentuée, rouge ou noir, est la règle. J'ai rencontré dans les grandes administrations de l'État non seulement des métis, mais encore des types purs de races de couleur. La meilleure leçon d'histoire que j'aie entendue dans une école brésilienne fut faite par une institutrice noire dont le costume éclatant, où le vert et le jaune se mariaient joyeusement, témoignait de goûts ataviques irrépressibles.

Ce mélange de races crée une réligiosité particulière : dans l'autobus qui nous emporte à travers l'Avenida, des messieurs de tout âge soulèvent respectueusement leur chapeau quand on passe quelque église; religion faite surtout de crainte superstitieuse; christianisme où les principes spirituels sont oubliés, où règne l'essaim des divinités mauvaises qu'on apaise par des rites et des incantations et que domine l'esprit du mal, le terrible Mandingo.

Il se trouve que ce nom du diable est celui de la tribu, que les nègres apportés dans l'Amérique du Sud redoutaient comme leur plus terrible ennemie, alors qu'ils vivaient librement au sud de la région congolaise. Le fétichisme atavique a absorbé le catholicisme.

Le mélange des races et l'absence du préjugé de couleur ont en soi quelque chose de démocratique et de généreux que Roosevelt à son passage s'est plu à louer. On ne saurait pourtant se dissimuler que si cette fusion supprime la terrible question des races, elle pose d'autre part le problème du développement intellectuel et moral, des tares ataviques, de la capacité de civilisation du peuple issu de ce mélange. Problème des plus intéressants et que doivent suivre avec attention les peuples colonisateurs.

Pour l'instant, la vie politique et économique de la nation n'est pas établie sur des bases absolument assurées. Quand je suis arrivé à Rio, l'état de siège venait d'être proclamé. On parlait avec beaucoup de scepticisme du jeu des institutions démocratiques et parlementaires ; l'élection des députés, des gouverneurs d'États apparaissait, dans les conversations particulières, comme une simple émanation de la personnalité puissante qui, un peu à l'écart des situations officielles, gouverne de fait la République. Et d'autre part la vie économique ne paraît pas sainement établie ; la vie est horriblement chère, plus chère qu'aux États-Unis, infiniment plus chère qu'à Paris. La nourriture coûte deux fois plus, le vêtement deux et trois fois plus cher qu'à Paris. Un instituteur ne vit pas d'une manière sensiblement différente dans les deux capitales; et cependant le directeur d'école à Rio reçoit 11.000 francs de traitement, le premier instituteur 10.000. Le directeur de l'enseignement primaire de la capitale reçoit 30.000 francs. Un professeur de l'école normale de Saint-Paul, grâce à un nombre considérable d'heures supplémentaires, atteignait, quand j'y ai passé, le traitement coquet de 4.650 fr. par mois.

Les douanes, contribuent fortement à vicier les conditions économiques ; revenu essentiel du gouvernement, elles frappent indistinctement toutes les marchandises à l'entrée : 130 francs par kilo pour les soieries, 160 francs par barrique de vin de 225 litres. Et puis il y a, surtout dans la capitale, déséquilibre entre la consommation et la production ; les besoins de luxe sont fort grands, le travail moindre, les grandes industries à peu près absentes.

On est frappé de voir, dès le commencement de l'après-midi, la grande avenue et les rues principales encombrées de groupes d'oisifs ; hommes jeunes pour la plupart, élégants, fringants, arrêtés de préférence devant les joailleries et les parfumeries, devisant gaiement ou discutant avec passion les questions politiques du jour. Les innombrables automobiles de louage stationnées sur l'Avenida ont chacune deux chauffeurs qui se prélassent sur les coussins de l'avant : « Le conducteur pourrait être un moment fatigué ! » m'explique-t-on.

Les bénéfices prodigieux de la recherche du caoutchouc et de la culture du café ont fait affluer longtemps à la capitale des flots d'or. Maintenant que ces sources s'appauvrissent, une crise sévit, mais l'emprunt récemment conclu va fournir à nouveau le numéraire nécessaire pour remettre en marche la machine gouvernementale et toute la vie de la capitale. Vie factice, dira-t-on. Peut-être, mais sur l'Avenida le soleil est si radieux, les horizons superbes, l'air léger et la brise de la mer si caressante, comment résister à la divinité l'Illusion, qui règne ici sans partage.

Une ville n'est pas un pays ; Rio fastueux et indolent n'est pas le Brésil. Il suffit d'aller à Saint-Paul pour s'en convaincre. Là, on rencontre plus d'hommes d'affaires que d'orateurs ; on trouve des employés dans les ministères aux heures de bureau. Les esprits sont clairs, les volontés assurées, les conversations se font précises et se chargent de statistiques et de chiffres, le mirage a disparu.

En Argentine

Mendoza, 2 mai 1914.

Une eau bourbeuse, épaisse, sans vagues, clapotant aux flancs du navire ; des plages basses, jaunes, plaquées de buissons souffreteux, un horizon embrumé où flottent les fumées de la capitale encore invisible, tapie au ras du sol, tel est cet estuaire que l'on a sans doute flatté en le dénommant Rio de la Plata, ou Fleuve d'argent.

Une douzaine de grands vapeurs, arrivés pendant la nuit, tâtonnent et louvoient entre les bancs de sable, attendant un pilote. Enfin nous recevons le nôtre et pouvons entrer dans les bassins du port de Buenos-Aires où se trouvent rassemblés en ce moment quelques longs-courriers des plus grandes compagnies du monde : voici le plus grand paquebot espagnol à flot, puis une *Principessa* italienne, le gros *Tubantia* hollandais, et notre courrier français est amarré côte à côte avec le fameux *Cap Trafalgar* allemand, qui termine ici son grand voyage d'essai et de réclame avec à son bord le prince Henri de Prusse. Comme à New-York, les principales puissances maritimes du vieux monde se livrent bataille ici à coups de tonnes de navire, sous les yeux de la Jeune Amérique, qui accorde ses faveurs au plus énorme.

Les docks franchis, passé les quartiers bruyants et populeux du port, on arrive dans la ville proprement dite ; en débouchant sur la grande artère centrale, l'avenue de Mai, j'éprouvai une émotion singulière. Ces hautes maisons régulières aux façades sobres, ces trottoirs ombragés de platanes, encombrés par les tables et chaises des terrasses de café, la chaussée au milieu de laquelle stationnent les voitures de louage en longues files sous les candélabres électriques, n'est-ce pas un spectacle familier? L'air frais, le soleil tamisé par des brumes légères, le ciel nuancé de cet avril austral, n'évoquent-ils pas le souvenir d'un autre automne ? J'avance sur l'avenue et mon émerveillement est à son comble : voici le Métro, le symbole du Paris moderne, une foule dégorge de l'escalier sur le trottoir et dans les profondeurs on entend le roulement du train qui reprend sa course. L'illusion est complète — et elle a été voulue par les architectes de l'Avenue ; et de voir après tant d'errements dans les Amériques une cité qui a voulu reproduire pieusement le boulevard parisien — et qui y a réussi — je ressens une joie intime et profonde.

Il ne faudrait pourtant pas se représenter Buenos-Aires comme une effigie de Paris. La grande capitale argentine a son caractère bien personnel. Ville de plaine, au bord de la Pampa, qui telle une mer immense et unie vient déferler jusqu'à l'Océan, elle s'étale largement, et sauf quelques artères centrales, ne présente pas de constructions élevées, les neuf dixièmes des maisons n'ont qu'un rez-de-chaussée ; il n'y en a pas cent de cinq étages ; aussi le million et demi d'habitants qu'elle abrite s'éparpillent dans un périmètre de 60 kilomètres sur 19.000 hectares, tandis que Paris, avec le double d'habitants, n'a pas la moitié de cette superficie. Quand on suit en tramway électrique — pendant une heure et demie — la rue de 18 kilomètres qui mène du port à la banlieue de la Pampa, on est bientôt sorti du quartier actif et populeux du centre ; alors se suivent sans interruption les blocs de maisons sans étage, les rues peuplées d'enfants, et chaque fois que l'on arrive sur une éminence, on domine pour un instant la plaine de maisons basses au-dessus de laquelle tournent, par milliers, les roues aéromotrices des pompes à eau.

La population est sans exception — ou presque — de race blanche. Les nègres se sont éteints dans ce climat aux hivers frais; les Indiens ont été à peu près éliminés, exterminés ou expulsés du territoire par les campagnes du général Roca ; quelques familles irréductibles furent transplantées dans la capitale et c'est parmi elles que se recrutent maintenant les sergents de ville. La population est de type brun et latin très prononcé, mais non de type absolument espagnol; c'est que sur les quatre millions d'immigrants entrés dans les cinquante dernières années, il y a eu deux millions d'Italiens, un million d'Espagnols, deux cent mille Français. Comme on le voit, l'Italien domine ; des quartiers entiers près du port et près des usines de viande congelée sont de caractère nettement italien. Et il me semble que le croisement des grandes races méditerranéennes est pour beaucoup dans l'activité, l'esprit réaliste, le besoin d'entreprise et le tourbillon de spéculation qui distingue l'Argentine parmi tous les pays sud-américains. L'élément français, trop peu nombreux, ne pouvait pas prétendre à un rôle prédominant dans la formation de la nation argentine; d'origine basque en majorité, il s'est cantonné dans un petit nombre de métiers : il s'est fait par exemple une spécialité du commerce et de la vente du lait dans la capitale.

Devant l'afflux des étrangers, devant les migrations homogènes d'Italiens, l'élément ancien, criollo, comme on dit ici, s'est vu tout à coup menacé ; et il y a cinq ans environ, aux approches du Centenaire de la libération de l'Argentine, on vit éclater un mouvement nationaliste, et xénophobe très prononcé. Fièrement on fit la guerre à tout italianisme ; on supprima dans les écoles la traduction espagnole du chef-d'œuvre de De Amicis, *Cuore* (que nous appelons *Grands*

Cœurs, dans la traduction française) ; on fit disparaître des écoles publiques les portraits des souverains italiens que des donateurs y avaient ingénument introduits. On institua la coutume américaine du salut au drapeau, et chaque matin, vers la fin des classes, le drapeau est amené ; une sonnerie spéciale annonce qu'il cesse de flotter sur l'école ; à ce moment tous les élèves, dans toutes les classes, sans autre commandement, se lèvent ensemble et restent quelques minutes immobiles, puis la classe s'achève.

Il semble bien que la célébration du Centenaire ait (comme en Italie celle du Cinquantenaire) surexcité le sentiment national. Il en est de ces fêtes civiques comme des Jubilés que l'Eglise catholique célébrait avec tant de pompe aux époques anciennes ; elles créent des enthousiasmes collectifs et déterminent des courants d'opinion d'une importance incalculable. L'expédition de Tripoli n'a été possible qu'après les fêtes de Turin et de Rome. Ici l'Argentine s'est enivrée de sa jeune prospérité. Un Argentin cultivé, qui a fait à Paris des conférences, et qui préside à Buenos-Aires une société littéraire, me disait avec fierté : « Vous ne devez pas mesurer la vie argentine à l'échelle française ; dix ans de notre histoire valent un siècle de la vôtre. » Il n'ajoutait pas — par politesse — mais des journaux le disent ouvertement, que plus sains et plus vigoureux que nous, ils sont, eux, le peuple supérieur...

La vie économique, malgré des erreurs passagères, est établie ici sur des bases solides. Sans doute en ce moment il y a crise, comme du reste dans toute l'Amérique latine, mais la fortune du pays est basée sur une production agricole régulière, bestiaux et blé, objets de consommation de première nécessité, tandis que le caoutchouc et le café brésiliens sont des jouets de la spéculation étrangère. Aussi le luxe de la capitale, la passion un peu enfantine du jeu et de la dissipation, le besoin de vie large et fastueuse n'entraînent-ils pas le même déséquilibre qu'à Rio. La splendeur de Buenos-Aires peut subsister sans grand emprunt étranger, elle se fonde sur le labeur des fermiers dans les estancias semées à travers la vaste plaine.

Chaque automne, le chef de famille ou

l'un des fils disparaît quelque temps de la capitale ; homme politique, avocat, grand fonctionnaire, viveur, n'importe ; il est maintenant grand propriétaire et va régler ses comptes avec l'estanciero après la récolte; puis il reviendra prendre sa place dans la brillante société bonarense. Labourage et pâturage sont pour l'Argentine ses vraies mines d'or du Pérou.

C'est la force de la capitale. Mais cette capitale même n'est-elle pas un phénomène anormal? Dans un pays quatre ou cinq fois grand comme la France où s'éparpillent, comme la semence jetée au vent, sept à huit millions et demi d'habitants, la capitale prend à elle seule le cinquième de la population totale, arraignée monstrueuse sur la toile fragile du peuplement. L'esprit d'entreprise et le besoin de luxe produisent alors des effets singuliers ; favorisés par cet optimisme national nouvellement surexcité, ils s'exercent sur des valeurs imaginaires, amènent des spéculations effrénées sur les terres, sur des peuplements hypothétiques, des tracés fantaisistes de grands centres nouveaux, de voies ferrées. Dans ces dernières années, on a vendu, racheté, revendu, dans une fièvre d'excitations mutuelles, finissant par évaluer des terres au prix qu'elles auront dans vingt ou trente ans dans une Argentine quatre fois plus peuplée. Le resserrement actuel de l'argent a tout à coup réveillé les hallucinés; ils sortent péniblement de leur ivresse et la capitale se trouve actuellement en proie, si l'on me permet l'expression, à un pénible mal de cheveux économique.

Quand on s'éloigne de Buenos Aires vers l'Ouest, on parcourt tout d'abord, aux portes de la ville, des champs cultivés et des villages qui rappellent nos campagnes européennes ; mais le changement est rapide ; bientôt les habitations se font rares ; l'estancia dans son cadre de verdure apparaît isolée dans la plaine à 20 kilomètres de la plus prochaine habitation. Puis la solitude devient plus grande encore. Aux champs avaient succédé les pâturages ; aux pâturages succède maintenant la steppe de plus en plus aride. Et toujours la plaine unie, sans une ride et maintenant sans arbre, bientôt sans végétation. De l'express qui m'emporte l'illusion de la mer est parfois complète.

Mais vingt heures après avoir quitté la capitale, je vois se dessiner la ligne bleuâtre de la Cordillère ; des collines, des terrasses rompent la monotonie du relief, la végétation reparaît : voici les vignobles célèbres de Mendoza, les pampres rouges sous le soleil d'automne. Et soudain, derrière les sombres épaulements des contreforts montagneux, une haute cime neigeuse surgit et semble monter à vue d'œil dans le ciel ; ici, majestueuse et sublime se dresse la barrière des Andes ; ici meurt la plaine et s'arrête une nation.

Par delà les Andes

Iquique, 16 juin 1914.

Parlons du vieux Chili pendant qu'il existe encore; dans quelques mois, le canal de Panama sera ouvert, les marchandises d'Europe et d'Amérique y arriveront directement, un courant d'immigration s'établira et le pays le moins américain d'Amérique sera bien vite transformé.

J'y suis arrivé par la voie ferrée des Andes, voie nouvelle comme on sait, et qui a remplacé récemment, pour les voyageurs pressés, la route pittoresque du détroit de Magellan. Des vignobles argentins de Mendoza, le train monte par courbes allongées au tunnel de faîte, à plus de 3.000 mètres, et l'élévation est assez rapide pour que quelques voyageurs en soient indisposés. Une dame fut prise des suffocations de la puna, ou mal de montagnes, dans mon compartiment; mais le cas est prévu : le chef de train apporta l'appareil à oxygène, toujours prêt dans ce trajet, et après une demi-heure d'inhalations, le malaise se dissipa. Au plus haut de sa course, le train passe en vue du géant américain, l'Aconcagua, qui élève sa cime neigeuse à près de 7.000 mètres d'altitude; la descente, presque tout entière en crémaillère, est vertigineuse ; en deux heures, on s'abaisse de 2.000 mètres, le long de précipices, en vue de massifs plus énormes que le Mont Blanc.

C'est derrière ce rempart presque infranchissable que s'est développé le Chili, séparé de l'Amérique du Sud par les Andes, séparé de l'Europe par les terribles tempêtes du cap Horn, isolé du reste du monde. Santiago, la capitale, symbolise bien ce long recueillement : au fond d'une vallée fermée de toutes parts, séparée de la côte par des hauteurs de plus de 1.000 mètres, dominée par les contreforts neigeux de la grande Cordillère, elle est cernée de tous côtés par les monts. Dans cet isolement, elle jouit d'un climat délicieux, sans chaleurs étouffantes, sans hiver, sans vents violents, sans pluie. L'air y est impalpable et léger, le ciel clair; les ruisseaux des monts irriguent la plaine et la végétation est merveilleuse ; j'ai vu sur des arbres fruitiers des greffes de l'an passé qui avaient donné des pousses de 2 mètres de hauteur. Dans la ville, un bloc basaltique, aussi aigu et abrupt que le Rocher Corneille, au Puy, est un observatoire incomparable. On y accède par un escalier monumental et, par terrasses successives, par des sentes serpentant au flanc du rocher, à travers les buissons fleuris qui s'accrochent à la pierre, on parvient à la cime, à 70 mètres du pavé de l'avenue ; de là on embrasse d'un coup d'œil la ville d'un demi-million d'âmes, alignant ses petites maisons au milieu de la plaine verdoyante, sommeillant paisible au creux des monts.

Je voudrais pouvoir exprimer le charme apaisé de la ville et de la vie santiaguine. Le flot grondant de la vie moderne vient battre le pied de la Cordillère, mais ne la franchit pas. La course effrénée, haletante, aux affaires, aux plaisirs, cette sarabande des possédés modernes, traverse les Amériques mais s'arrête devant les Andes. Ici, les pulsations sont lentes, le passé s'attarde, les traditions demeurent. Voici une Chilienne qui passe, petite, fine, de démarche un peu molle et langoureuse ; ouvrière ou grande dame, je ne sais, au matin, toutes les silhouettes sont semblables, car toutes les femmes ont gardé la tradition jolie de sortir d'abord enveloppées de la simple mante noire qui s'ajuste à la tête et aux épaules, épinglée au dos, flottant à la taille ; c'est un cadre sévère à une physionomie enjouée, un vêtement monastique dont l'austérité contraste de manière piquante avec l'éclat du regard voluptueux, qui s'arrête longuement sur les passants, avec la bouche rieuse et sensuelle, avec cette saine joie de vivre qui émane de toute leur personne.

Dans les rues, peu ou pas d'automobiles. D'un trottoir à l'autre, on se dit bonjour en s'appelant par son prénom : « *E como le va, don Pablo*? » Le soir, après le coucher du soleil, la musique joue sur la place d'Armes ; la plupart des dames s'asseoient sur les bancs autour du kiosque, et les messieurs passent sagement en tournant régulièrement pendant l'heure du concert ; c'est l'heure du grand flirt par œillades du *pololo* à sa *polola*.

Après dîner, les dames ne sortiront plus ;

dans les cafés, les cinémas, les théâtres de zarzuelas, on ne voit à peu près que des hommes. Mais peut-être, en cherchant bien, dans quelque ombre protectrice d'un jardin public, ou, mieux encore, du cimetière, on découvrirait quelque *pololo* continuant son flirt, sous la protection du *loro*, le jeune frère dont on a su gagner la complaisance.

Le Chili est le pays traditionnel de l'hospitalité. Je garde une reconnaissance particulière à Santiago, à son peuple accueillant, aimable, à sa colonie française intimement unie, — ce qui n'est pas toujours le cas parmi les colonies de nos compatriotes, — à cette atmosphère de douce indulgence, de grâce nonchalante, que l'on respire à l'ombre du pittoresque Cerro Santa Lucia, le long de la belle avenue ombragée, Alameda de las Delacias, ou dans le Parque Forestal au bord du Mapocho.

Le peuple chilien a de rares dons d'intelligence, de vigueur physique, d'endurance. Mais son long isolement, qui lui a conservé beaucoup de qualités charmantes, l'a peu armé pour la lutte économique actuelle. La race s'est formée d'une fusion de conquérants espagnols avec les indigènes araucaniens ; j'ai été souvent frappé de rencontrer dans les instituts de la capitale des types très purs d'indigènes parmi les jeunes filles et les jeunes gens des cours supérieurs. Comme au Brésil, nous nous trouvons ici devant le problème de l'évolution d'un peuple européen fondu avec l'indigène. Sa passivité, son fatalisme devant la mort, ont de quoi surprendre; ils conduisent à une indifférence totale des règles de l'hygiène; le Chili, avec un des meilleurs climats, a la mortalité la plus élevée du monde après le Mexique; à Santiago, dans la nature la plus salubre, les trois quarts des enfants venus au monde meurent dans l'année même de leur naissance. Le peuple ne s'en afflige pas; au contraire : un enfant mort, c'est un ange au ciel et sa mort donne lieu à de grandes réjouissances; le cadavre, mis dans un cercueil vitré, entouré de fleurs et de bougies allumées, est placé bien en vue dans la maison; on boit, on chante... jusqu'à ce que des voisins, profitant de la confusion, viennent voler le cadavre et recommencer la fête chez eux.

La structure de la société est simpliste; un

peuple pauvre, illettré, superstitieux, soumis à une aristocratie de grands propriétaires appuyés sur l'Eglise catholique, Eglise officielle, seule reconnue par l'Etat. La douceur et l'indolence du peuple, l'auréole religieuse du pouvoir, ont rendu impossibles les mouvements populaires, et le Chili a joui de la paix intérieure.

J'ai assisté à une des grandes fêtes nationales du pays, au défilé de toutes les écoles de la capitale en l'honneur d'un des héros de la dernière guerre; le peuple était venu en foule sur le passage du cortège: foule muette, amorphe, sans cri, sans manifestation spontanée, foule à qui la rue n'appartient pas, figurante admise aux cérémonies et qui garde conscience de son infériorité. On saluait timidement au passage le drapeau national comme aussi les bannières des innombrables confréries religieuses, mais on ne l'acclamait pas.

Entre le bas peuple et la classe possédante, il n'y a presque pas place pour une classe intermédiaire. Un petit groupe d'hommes cultivés, des avocats, des universitaires, sont des libéraux convaincus; ils sont nettement hostiles à la toute puissance du clergé, notamment en matière politique et les institutions scolaires sont, — comme en France, — le champ clos où se livre la grande bataille entre le catholicisme aristocratique, conservateur, inégalitaire, et le libéralisme démocratique. Mais ce libéralisme ose à peine s'affirmer, s'enveloppe d'un respect prudent pour la religion établie et dépense une grande partie de son activité en discussions théoriques au sein d'associations fermées. Le peuple n'est pas encore mûr pour l'entendre; aussi la tâche des novateurs est-elle particulièrement difficile; ils cherchent au dehors des appuis dans les sociétés étrangères fondées pour soutenir la même lutte. Et l'on doit reconnaître que, malheureusement, jusqu'ici c'est l'Allemagne, et depuis peu l'Italie, qui ont surtout répondu à leur appel.

Un paradoxe économique, c'est que dans ce pays tout en longueur, tout en côtes, la vie maritime ne joue à peu près aucun rôle; du Nord au Sud, la côte se développe sur 38 degrés de latitude, 4.000 kilomètres en ligne droite; le pays n'est qu'une corniche étroite; dans des conditions analogues, mais en bien plus petit, les Phéniciens s'étaient résolument jetés à la mer et avaient dominé la Méditerranée. Ici, dès l'arrivée à la capitale, on s'aperçoit avec étonnement que la mer est absente des préoccupations. Pas de tableaux évocateurs, pas de photographies dans les écoles ou les intérieurs, nulle place dans la presse quotidienne, nulle trace dans la littérature nationale ; elle n'a point inspiré de prosateur enthousiaste comme Michelet, pas de poète comme Victor Hugo, pas de dramatiste comme l'auteur de *La Nave*, pas de Theodor Storm, et l'on chercherait en vain cette pléiade d'écrivains qu'analyse si finement l'auteur de *La Mer et les Poètes anglais*.

Des plages torrides d'Arica aux falaises neigeuses de la Terre de Feu, l'océan Pacifique appelle aux expéditions et aventures, aux pêches miraculeuses dans ces parages extraordinairement poissonneux. Mais c'est le pêcheur italien qui vient prendre ici un monopole ; ce sont les Allemands et les Anglais qui se chargent non seulement des relations avec l'Europe et l'Amérique, mais encore du cabotage national.

Le Chili moderne se désintéresse de ses

côtes ; du Nord au Sud, malgré le nombre des échancrures naturelles, il n'y a pas un seul port. Je suis resté trois jours prisonnier à bord d'un vapeur en rade de Valparaiso, à cause du vent du Nord qui rendait la rade, ouverte et sans défense, plus dangereuse que la haute mer. Devant Antofagasta, havre où l'on a embarqué depuis dix ans pour un milliard de francs de salpêtre, j'ai vu douze grands vapeurs (allemands et anglais) obligés, pour charger, d'attendre deux jours que la houle s'apaise, faute d'une jetée, facile à construire sur les récifs qui barrent la baie.

J'écris ces notes en pleine région salpêtrière, au retour d'une expédition dans l'intérieur, au moment de quitter le Chili, l'Amérique. C'est ici que l'on sent le mieux la force et la faiblesse de ce pays, ses richesses immenses, son impuissance à les exploiter. L'aspect de la région, de ce Chili septentrional, est horrible ; pendant huit jours de navigation, on voit défiler de hautes falaises de 700 à 1.000 mètres, uniformément jaunes ou grisâtres, sans la moindre tache verte, où l'œil puisse se reposer.

D'Antofagasta, par un ravin qui interrompt

la falaise monotone, je me suis avancé à 150 kilomètres dans l'intérieur, sur le plateau qui monte insensiblement jusqu'à 4.000 mètres, aux confins de la Bolivie : c'est le désert d'Atacama, un Sahara sans oasis, mais avec usines. Quoiqu'en bordure de la côte, il n'y pleut pour ainsi dire jamais, une fois tous les dix ans, dans les bonnes périodes ; les montagnes sont empâtées par les sables ; le ruissellement à longs intervalles trace d'un burin fin et précis les thalwegs et rigoles d'écoulement ; mais le vent donne à tous les contours un dessin flou et modèle croupes et faîtes mollement ; et l'absence totale de végétation fait de ces pâtés de montagnes polychromes un ensemble artificiel, quelque chose comme des reliefs de carton-pâte à l'usage des écoles.

Entre les cerros dénudés s'étalent les plaines, les Pampas en gradins successifs ; chacune est absolument unie, fond de lagunes où les sels dissous par les torrents des Andes et ceux de mers antérieurs se sont concentrés, cristallisés, à l'abri de toute pluie, de tout lavage ultérieur. Ces plaines d'un bloc, où le moindre trou doit être fait à la dynamite, sont d'immenses réceptacles de nitrate, d'iode, de borax, tandis que les collines ont d'admirables gisements d'or, d'argent et surtout de cuivre.

Aussi, malgré l'aspect désolé, malgré le climat dur, torride le jour, glacial la nuit à cause de l'altitude, la Pampa chilienne est semée d'usines. Exemple étonn nt de l'indépendance de l'homme moderne vis-à-vis des conditions naturelles de vie !

Une usine est un monde, avec ses baraquements pour ouvriers, ses ateliers de sellerie, de cha.pente, sa forge, ses magasins d'aliments et de vêtements, son école, son cinématographe et la chambre toujours prête pour le visiteur. Mais quand on a connu l'hospitalité de la Pampa, quand on a apprécié le labeur — de sous-ordre — de l'élément chilien, on s'attriste plus encore à penser que les plus grands bénéfices des industries s'en vont aux mains étrangères parce que l'entreprise est étrangère.

L'Anglais possède plus d'exploitations salpêtrières au Chili que les Chiliens eux-mêmes, et les Allemands, les Italiens, les Péruviens prennent une large part à l'exploitation. Les

Américains sont en train d'accaparer le cuivre. L'Angleterre et l'Allemagne se partagent les bénéfices du transport. Et le fleuve d'or qui coule chaque année de la Pampa chilienne, — la valeur du salpêtre seul dépasse six cents millions, — ne laisse au possesseur de ces richesses que le pourboire des droits d'exportation[1].

Ce peuple vaut mieux que ne le montre son présent. Dans un grand élan d'énergie, en 1879, il a soutenu la guerre contre Pérou et Bolivie coalisés; dans cette même rade d'Iquique deux bateaux chiliens ont livré un combat glorieux contre les vaisseaux péruviens bien supérieurs en force. Le prix de la victoire dans cette guerre du Pacifique, ce furent, précisément, ces provinces minières du Nord enlevées à la Bolivie et au Pérou.

Mais le souvenir de cette gloire militaire a fait oublier trop longtemps au vainqueur la mise en œuvre de toutes ses forces : sociales,

[1] Le blocus de l'Allemagne, la fermeture des maisons allemandes du Chili par la publication des listes noires anglaises ont changé profondément en 1914-1917 cette situation économique. Le Chili, aidé par la finance américaine, tend actuellement à développer ses industries nationales, notamment l'industrie du cuivre.

morales, intellectuelles, dans la grande lutte économique moderne. Déjà des esprits judicieux, des patriotes vigilants, signalent à leurs compatriotes la gravité du moment. Il serait à souhaiter que cette rénovation sociale et économique se fît, — en renouant une tradition ancienne, malheureusement à peu près oubliée, — avec la collaboration de la France.

II

NOTES ET ENQUÊTES

EXPANSION FRANÇAISE

A propos de l'influence française dans l'Amérique du Sud

A bord du *Sérapis*, juin 1914.

Les relations de la France avec les grandes républiques sud-américaines sont des plus cordiales, cela est bien évident. Les anniversaires glorieux du Brésil, de l'Argentine, du Chili, sont des fêtes auxquelles la France s'associe de grand cœur par ses représentants habituels et par des delégations extraordinaires, et de fort beaux discours sont prononcés en ces occasions, tant à Paris que dans les belles capitales lointaines. Les amitiés latines sont chères aux hommes les plus éminents de notre pays, qui les celèbrent en toute occasion par de fort belles paroles.

Et les belles paroles, les discours superbes sont accueillis avec faveur par l'opinion éclairée de l'Amérique du Sud, qui accueille aussi très galamment tous les hôtes venus de

France. Le danger, c'est que l'on pourrait être tenté de croire que les témoignages solennels d'amitié ou les visites de grand tourisme puissent suffire pour établir ou rétablir dans l'Amérique du Sud une influence française réelle, féconde, efficace, comparable enfin à celle dont jouissent dans ces pays latins l'Allemagne, l'Angleterre, les Etats-Unis — j'allais ajouter, la Belgique.

Quelques faits entre tant d'autres : le Chili s'inquiète de réformer son enseignement agricole dans les écoles normales, et veut envoyer un professeur étudier cette question à l'étranger. Le chef de l'enseignement primaire, mettant au concours une bourse de voyage, spécifie que la connaissance de l'anglais est exigée et que l'enquête aura lieu aux Etats-Unis. Personne ne s'étant présenté, on renouvelle l'annonce (février 1914) en spécifiant, cette fois, que la connaissance de l'allemand pourra suffire. D'une enquête possible en France, pas un mot.

Un professeur chilien, M. Montebruno, actuellement professeur à l'Institut pédagogique, par conséquent membre de l'enseignement supérieur, fait une enquête officielle en

Europe en 1908 et publie en 1910 son rapport officiel sur « l'enseignement commercial dans les principaux pays d'Europe ». Sur les 463 pages du rapport, 270 sont consacrées à l'Italie, 130 à l'Allemagne, huit à la France, et de ces huit, six et demie traitent de l'école Pigier.

M. Romero Brest, délégué de la République Argentine au Congrès international d'éducation physique à Paris, en 1913, profite de son séjour en Europe pour voir quelques établissements d'instruction publique. Il visite « quelques écoles modèles primaires de Bruxelles, d'autres analogues à Stockholm, et aussi l'école des Roches de Verneuil » (Rapport, p. 60), mais non pas des écoles municipales de Paris, ou du moins il n'en parle pas.

Au cours de l'année 1912, l'enseignement secondaire, au Chili, est l'objet de discussions passionnées ; les orateurs appuient leurs arguments d'exemples tirés de l'étranger ; on cite avec admiration l'Allemagne « qui marche à la tête des Nations en matière d'enseignement » ; les Etats-Unis « qui renouvellent toutes les méthodes » ; la France n'est citée que comme mauvais exemple, pour la « turbulence » de ses étudiants, pour les « coutumes immorales qu'on dit y exister », pour la confusion de son système d'éducation secondaire. (Comptes-rendus analytiques des discussions dans la *Revista de Educacion nacional de Santiago*. — Livres de polémique : *Encina, Nuestra inferioridad economica* ; *Galdames, Educacion economica e intelectual*).

Je n'ai voulu citer que des faits aisément contrôlables ; il serait aisé de les multiplier ; les conversations avec les Français établis en Amérique du Sud ou avec les vrais amis de la France sont plus significatives encore. Quelques conclusions évidentes s'en dégagent : la France moderne n'est pas connue ou est méconnue dans l'Amérique du Sud ; on peut se tourner vers elle au besoin, mais comme vers une prêteuse sur gages qui permet qu'on emprunte ses millions contre certains privilèges officiels, de caractère surtout militaire ; mais quand on veut faire appel à l'initiative privée, prendre des modèles pour un système d'éducation ou l'organisation d'une industrie ou d'un simple bureau, on ne songe même pas à voir — en passant par le territoire français — ce qui se fait en France à ce sujet.

En 1911, le Chili s'avise que son Ministère de l'Instruction publique n'expédie pas les affaires assez rapidement ; le 5 août, le Ministre du Chili à Berlin est chargé de s'informer de l'organisation du Ministère des Cultes de Prusse et les bureaux de Santiago sont aussitôt réformés d'après ce modèle.

C'est là un fait minuscule et qui ne mériterait pas d'être cité s'il n'était pas la marque d'une admiration absolue pour certains peuples étrangers. Depuis vingt-cinq ans, l'influence allemande règne en maîtresse au Chili. L'Allemagne a été chargée de réorganiser l'armée, et aux uniformes français — sous lesquels avaient été gagnées les victoires dans la guerre du Pacifique — ont succédé les uniformes allemands, y compris le casque à pointe. Des professeurs et instituteurs allemands ont été appelés par centaines ; il y a eu un temps, de 1890 à 1900, où tout le personnel de certaines écoles primaires était allemand. C'est à l'Allemagne qu'on s'est adressé pour former le personnel de l'enseignement secondaire et créer l'école normale supérieure « Instituto pedagogico ». Et sans doute la langue allemande ne peut pas s'implanter dans ce pays latin et le français reste, bon gré mal gré, la langue vivante enseignée; mais ce n'est pour nous d'aucun bénéfice : c'est l'Allemagne qui règle et contrôle l'enseignement de notre langue et les livres de texte. Voici quelques-uns des livres et tableaux préconisés par le programme nouveau de 1914 pour une classe supérieure (5e année) des lycées : *Recueil de Morceaux choisis d'auteurs français*, par Bornecque et Rottgers (Berlin Weidmann). — R. Kron, *Le Petit Parisien* (Bielfeld, Karlsruhe) — *La France, Schulwandkarte für den neusprachlichen Unterricht*, von Prof. Gutjahr, Lang, Leipzig — tableau de Hölzel, *Paris*. Le livre de lecture française que j'ai vu employer dans les lycées de Santiago a été établi par un Allemand, et quels que puissent être les mérites de la méthode, on ne peut pas en attendre qu'il fasse apprendre à aimer la France en même temps qu'à connaître notre langue.

Il y a dix ans, la République Argentine voulut assurer le recrutement de son enseignement secondaire ; elle fonda une école normale supérieure, et pour cela fit venir de Prusse des professeurs qui, malgré de très grandes difficultés, se sont maintenus à Buenos-Aires et ont fini par conquérir — notamment en 1912 — une situation officielle considérable.

Devant ces faits, est-il exagéré de dire que les « amitiés latines » doivent devenir plus efficaces si elles veulent mériter leur nom ?

Pour cela, les paroles éloquentes ne suffisent point. Nous avons perdu beaucoup de terrain et depuis longtemps. Nous ne le regagnerons que par un labeur très méthodique, très long, comme celui qui a rendu si forts nos concurrents. Il y a tout un courant d'opinion à remonter, d'une opinion peu connue en France, où l'on vit encore trop souvent dans cette croyance que les idées françaises, la science française possèdent un prestige unique dans le monde et qu'il nous suffit de paraître pour vaincre. Nous avons contre nous des préjugés, des ignorances, des inimitiés.

Il y a le préjugé si répandu, tant de fois signalé, et malheureusement si enraciné, de la légèreté, de la corruption françaises. Dans la principale revue du Chili, un correspondant naïf demande, au mois de mai dernier, s'il n'y a pas plus de traîtres en France que dans les autres pays. Une revue analogue de Buenos-Aires, le même mois, publie un petit article illustré où l'on oppose « le vice crapuleux de Montmartre à l'atmosphère saine de Buenos-Aires, balayée par les souffles du pampero, et les matins ensoleillés et glorieux, symboles de vigueur, de travail, de pureté et de vie ». Nous avons contre nous nos journaux et nos livres, et je me suis pris souvent à regretter quc la connaissance du français fût si répandue dans l'Amérique du Sud. Nos journaux, vus de l'étranger, contrastent péniblement avec ceux des autres pays européens par la prédominance qu'on y accorde aux crimes, aux scandales et aux notoriétés de mauvais aloi, spécialement de genre féminin. Et nos livres de combat, si vivants, si courageux, trop sincères, donnent à l'étranger une fausse idée de nos institutions et de notre vie. Heureux les pays dont on ne connaît pas la langue ! Leurs discussions intimes se passent à l'abri des regards indiscrets et l'on ne connaît d'eux que ce qu'ils veulent bien en dire.

Un phénomène curieux et qui serait inexplicable pour qui ne connaîtrait pas la vie parisienne, c'est que tout le monde dans l'Amérique du Sud est venu à Paris et que très peu de personnes pourtant connaissent les institutions françaises et ont vraiment visité, enquêté, vu. Il s'ensuit que beaucoup vivent uniquement sur des connaissances livresques et s'en tiennent à l'impression donnée par un livre ou une tendance ; il s'ensuit encore que l'on juge fréquemment la France sur des doctrines du passé.

Pendant les grandes discussions autour de l'enseignement secondaire, au Chili, en l'année 1912, une grande partie du débat a porté sur l' « esprit français » qui a inspiré autrefois l'enseignement chilien. Mais l'esprit français, pour tout le monde, était l'esprit de l'Encyclopédie et ceux qui le combattaient empruntaient leurs arguments aux « Origines de la France contemporaine ». Nous sommes cependant sortis de ces origines, ou du moins d'autres courants d'idées sont nés en

France, qui mériteraient d'être pris en considération, et il est en tout cas souverainement injuste de mettre en regard, comme on le faisait, la France du XVIIIe siècle et l'Allemagne ou les Etats-Unis du XXe.

Je me rappelle une longue conversation, dans une grande cité active du Brésil, avec de fervents amis de la France : nous parlions des réformes nécessaires dans l'enseignement brésilien, des influences heureuses, des pays dignes d'être pris pour exemple ; et toujours dans leurs déclarations, je sentais des réticences, une préoccupation inexprimée ; un mot me mit sur la voie, ce qu'ils n'osaient tout d'abord avouer, c'est que leur dévouement à la France les mettait dans une situation difficile ; les réformateurs de leur pays avaient les yeux fixés sur les Etats-Unis, sur l'Allemagne et la culture française leur apparaissait comme trop littéraire, trop abstraite, pas assez moderne en un mot.

Nos concurrents tirent parti de cet état d'esprit, de ces préjugés, de cette méconnaissance de notre évolution récente, de cette ignorance. Et dans cet effort pour nous éliminer, ils ont l'appui nouveau d'une puissance dont les moyens d'action sont infiniment variés et les rancunes tenaces. Nos lois sur les Congrégations, notre séparation de l'Eglise et de l'Etat, ont eu un retentissement énorme dans l'Amérique latine et catholique. Beaucoup de nos congrégations sont venues s'y établir ; elles y possèdent les collèges les plus aristocratiques et si elles y enseignent le français, ce serait beaucoup s'avancer que d'affirmer qu'elles enseignent en même temps l'amour de notre pays. Il y a là divorce entre la langue française et la France, comme entre le catholicisme officiel et notre pays. Des auteurs sérieux s'opposent à l'introduction au Chili de l'enseignement obligatoire, sous prétexte — et le prétexte est d'ailleurs erroné — que c'est une idée française, à plus forte raison s'opposeraient-ils à l'appel d'éducateurs français. L'héritier naturel de l'influence française auprès des catholiques, c'est le pays où le divorce n'a pas été prononcé ; le nouveau directeur de l'enseignement en Bolivie est un Belge.

Mais si l'on nous connaît peu ou mal, si nos adversaires nous écartent de plus en plus du champ de compétition qui est l'Amérique du Sud, c'est que nous ne prenons pas la peine de venir défendre nous-mêmes nos positions. Notre mal, c'est l'absentéisme ! Les Allemands occupent des provinces entières au Brésil, en Argentine, au Chili, et ces « colonies spontanées » sont leur base d'opération. Ils sont groupés en communautés puissantes, avec leurs écoles, leurs associations chorales, leurs clubs athlétiques ; on compte 14 unions allemandes à Santiago de Chili, 15 à Valparaiso. Leurs grandes banques sont parmi les monuments les plus imposants de chaque cité importante dans l'Amérique du Sud. Parmi les plus grands exportateurs de café du Brésil, le premier est un Allemand, le deuxième un Anglais ; le plus fort importateur français arrive au huitième rang. Pour la plus grande richesse du Chili, le salpêtre, l'entreprise anglaise compte pour 38 0/0 ; l'entreprise allemande pour 15 0/0 ; là encore la France arrive au huitième rang, avec 0,43 0/0. Dans le commerce d'importation du Chili, l'Angleterre, l'Allemagne, les Etats-Unis prennent plus des deux tiers du total (avec respectivement (31, 24, 12 0/0) et la France 6 0/0 ; à l'exportation, les trois mêmes puissances prennent les quatre cinquièmes (40, 21, 19 0/0) et la France 4 1/2 0/0.

La France envoie ses millions à l'étranger, mais les laisse travailler en des mains étrangères; le petit capitaliste se contente d'un bénéfice médiocre, laissant les risques et les gains à de plus hardis.

A Valparaiso, je m'arrête à bavarder avec un libraire : « Vous êtes Français ; nous en voyons bien peu et nous aimerions à connaître leurs marchandises par eux-mêmes, pour un voyageur de commerce français, il en vient cinquante allemands ». Deux représentants américains me donnent une note analogue : « Nous rencontrons partout sur notre route des Allemands ; mais à nous comme aux Allemands les commerçants demandent souvent des marchandises françaises. Si vos voyageurs se présentaient, ils n'auraient pas de peine à nous évincer ».

Les manifestations officielles d'amitié sont évidemment très importantes ; l'Amérique latine est très sensible aux témoignages de considération qui lui viennent des grands pays d'Europe. Et de même, les échanges intellectuels sont efficaces, surtout s'ils mettent moins en valeur notre culture littéraire et artistique — déjà appréciée — que nos progrès dans les sciences, dans la technique, dans l'industrie, ou encore notre expansion coloniale si ignorée. Ce qu'il faut faire connaître de nous, c'est, semble-t-il, moins cette élégance française dont on exagère parfois l'importance, que cette force française, beaucoup plus susceptible, à notre époque, d'émouvoir les esprits et d'attirer les sympathies. Et surtout il ne faut point se contenter de paroles. — Je demandais au directeur du plus grand journal chilien quels seraient les moyens d'action les plus efficaces pour replacer la France au rang qu'elle eut autrefois au Chili : « Ayez d'abord une ligne régulière de navigation à vapeur, et puis une grande banque ».

Nous avons pour nous des sympathies anciennes : la diffusion de notre langue — à laquelle travaillent tant d'excellents Français, comme le président de l'Alliance française de Buenos-Aires ou celui de Santiago de Chili — pourrait être à notre influence un appoint considérable. Mais il nous faut faire un sérieux effort. Il faut que, plus que cela n'a été fait dans le passé, nous donnions ici des preuves de cette vitalité, qui est la marque de notre race ; il faut que nous manifestions le renouveau dont nous sommes justement fiers, que nous nous affirmions par notre science, notre industrie, notre commerce ; que, par exemple, les marchandises françaises, transportées par des bateaux français, soient vendues dans les grandes cités sud-américaines par des maisons françaises, soutenues par des banques françaises. Et il faut que par un labeur soutenu, par des entreprises industrielles ou commerciales de large envergure, bien étudiées et bien conduites, nous nous imposions à l'attention, à l'estime, à l'admiration de nos amis latins, tandis que nous n'avons fait jusqu'ici bien souvent qu'exciter leur curiosité [1].

[1] La guerre a montré à l'Amérique du Sud comme au reste du monde, une France ignorée et méconnue. L'héroïsme de nos armées, la haute tenue morale de la nation entière a ajouté à la sympathie qui allait à nous volontiers, cette estime, cette admiration que l'on ne nous accordait pas sans réserve. Il faut penser que les fortes amitiés que nous vaut cette guerre, par ailleurs si terriblement destructive, seront activement et efficacement développées, pour le plus grand intérêt intellectuel, moral et économique des nations latines.

III

NOTES ET ENQUÊTES

NATIONS JEUNES

ÉCOLES NOUVELLES

A New-York
Œuvre nationale de l'école

New-York, 21 novembre 1913.

Neuf heures du matin ; cinq cents élèves, assis dans la salle des fêtes et réunions, attendent, dans le plus grand ordre et le silence le plus absolu, le commencement des « exercices préliminaires » de la journée scolaire. Sur un signe du directeur, trois élèves en uniforme vont chercher l'étendard de la République et se postent en bas de l'estrade, le porte-drapeau au milieu, les deux gardes, munis de fusils, à ses côtés. Un autre signe et, classe par classe, les élèves défilent un à un, saluant au passage le drapeau national. Le directeur se lève alors, s'approche du pupitre, ouvre une bible massive et lit un passage de l'Ancien Testament, sans commentaire. Puis les élèves chantent à l'unisson des chants patriotiques. Maintenant ils se lèvent et tous prêtent serment au drapeau. Enfin ils exécutent des mouvements de gymnastique rythmée; tournés vers le directeur sur lequel ils doivent fixer les yeux, ils manœuvrent avec ensemble, sans commandement, suivant une progression établie, guidés par une marche que le professeur de musique joue au piano. Le directeur les tient sous son regard, les fixe sans relâche, arrête son regard sur quelques têtes rebelles. Neuf heures vingt : les « exercices préliminaires » sont terminés; silencieusement la grande salle se vide et les classes vont commencer.

Ceci est un règlement des écoles de New-York : toutes les écoles publiques, primaires ou secondaires, doivent consacrer les premières vingt minutes de la journée à cette réunion ou « assemblée » de caractère à la fois religieux, patriotique et civique.

Religieux, car il n'y a pas d'enseignement moral aux Etats-Unis. Dans aucun Etat on n'a encore dégagé la morale de la religion; celle-ci apparaît donc comme la seule norme de la vie. Mais peut-on enseigner la religion à l'école américaine? Non, car les confessions les plus diverses s'y rencontrent. Dans quelques Etats on s'est donc décidé à prendre un moyen terme : on lira seulement un passage de la Bible — de l'Ancien Testament, car il y a des israélites dans l'auditoire. Mais d'ailleurs, les opinions sont très partagées sur ce sujet en Amérique : les lois de Pensylvanie prescrivent la lecture de dix versets par jour. Dix autres Etats ont reconnu légale la lecture de la Bible à l'école; quatorze ont réservé leur opinion officielle, huit se sont décidés contre cette lecture et ont remis à l'Eglise et à la famille tout l'enseignement moral et religieux.

Pour l'école américaine, la tâche propre, essentielle, c'est l'enseignement patriotique et civique. Revenons à notre école de tout à l'heure. Les 500 élèves réunis dans l'Aula ne sont qu'à peine un quart de son effectif : elle contient près de 2.200 élèves, de six à quatorze ans, dans ses 62 classes (le montant mensuel des traitements du personnel est de 40.000 francs). Ces enfants chantaient tout à l'heure l'hymne célèbre de S. F. Smith : « O ma patrie, doux pays de la liberté, c'est à toi que vont mes chants. Terre ou moururent mes ancêtres... » Leurs ancêtres ! En réalité, sur 2.168 élèves inscrits, 1.066 ou *la moitié des élèves sont nés en Europe;* il y a plus : 1.712 ou les *quatre cinquièmes* parlent dans leur famille une autre langue que l'anglais. Beaucoup d'autres écoles élémentaires présentent les mêmes proportions. Voilà dans quelles conditions l'école new-yorkaise poursuit son œuvre éducatrice ; c'est avant tout une œuvre d'assimilation et l'on comprend aisément le rôle d'exercices tels que l' « Assemblée » du matin.

Pour saisir l'ampleur du problème, il faut jeter un coup d'œil sur les statistiques récentes qui montrent la transformation actuelle de New-York. Sur 4.766.000 habitants, 749.000 sont des nouveaux venus des Iles Britanniques; en dix ans, cet élément a *diminué* de 200.000 individus ; les Allemands ne sont que 600.000, en diminution eux aussi, dans la même période, de 200.000 individus. Par contre, les arrivées de Pologne et Russie ont augmenté de 400.000, celles d'Italie de 300.000, celles d'Autriche-Hongrie de 234.000. Et maintenant le groupe ethnique le plus compact, le plus nombreux à New-York, c'est une population israélite, venue de Pologne, de Galicie, de la Russie méridionale, misérable et arriérée et parlant un idiome hébreu corrompu, le Yiddish : New-York possède la capitale israélite de la terre avec 1.265.000 Juifs ; en même temps, ce même New-York est la seconde ville italienne du monde (532.000) et la troisième ville russe (700.000).

On voit donc les termes du problème nouveau : l'immigration européenne venait du Nord, comprenait des Anglo-Saxons et leurs cousins assimilables les Germains ; elle vient maintenant du Sud et amène des races arriérées et extrêmement différentes de la race anglo-saxonne. C'est à l'école de transformer ces éléments, c'est elle qui est chargée de les fondre comme en un creuset, et c'est elle qui doit, de toute cette cacophonie d'idiomes étranges, faire jaillir en pur anglais l'hymne américain à l'étendard étoilé.

C'est ici que l'on voit éclater le caractère précis, *matter of fact*, de la pédagogie américaine. Point de leçons en forme sur la patrie américaine, pas d'analyse du patriotisme, point d'essai de justification. La patrie est un fait admis *a priori*. Et, à ce propos, je ne puis m'empêcher de citer un mot récemment entendu, dans un ordre d'idées assez différent, mais qui illustre bien l'état d'âme américain. Un prélat éminent d'un Etat du Sud me disait, en parlant des prêtres catholiques : « Nous n'avons pas ici de théologien, car il y a des œuvres trop urgentes ; tous mes prêtres sont de grands constructeurs d'église ». De même les écoles de tout ordre bâtissent la patrie américaine avec les matériaux très rudes et très grossiers amenés par la seconde vague de l'immigration ; ils n'ont pas le temps de les discuter. L'enseignement patriotique est donc une leçon de choses.

Je suis allé dans une de ces classes pour nouveau-arrivés, où l'on groupe en un tohu-bohu pittoresque les débarqués des derniers mois ; on y fait de la méthode directe et de l'enseignement par l'aspect. Lorsque j'arrivai, un jeune Sicilien, debout devant ses camarades, tenant un drapeau américain, prononçait ses premières phrases d'anglais : « Les couleurs de *notre* drapeau sont le bleu, le blanc, le rouge ; notre drapeau a quarante-huit étoiles, chaque étoile représente un Etat. » Puis ce fut le tour d'un juif polonais, puis celui d'un Finlandais et ainsi de suite.

Le premier enseignement du jeune immigré à New-York se fait pour ainsi dire le drapeau à la main. Ensuite viendront les leçons d'histoire et de géographie, de science ou de langue anglaise ; le grand agent d'assimilation, ce sera alors la confiance sans bornes des maîtres dans l'excellence, la grandeur, la supériorité de la patrie américaine. On connaît l'expression favorite de cette nation : « la plus grande du monde ». Le dernier marchand du plus petit village américain vante son produit comme le premier du monde. Appliquer cette méthode à toutes les leçons de chaque jour à l'école, c'est le tic américain par excellence. Il est irritant pour l'étranger ; mais il est d'un effet pratique considérable et sûr, et les jeunes immigrés en conçoivent une admiration infinie pour leur nouvelle patrie. On peut discuter sur la qualité du patriotisme créé par ces moyens très simples ; on peut y voir un pur dressage, en relever l'orgueil naïf et l'ignorance. Mais l'on doit reconnaître que New-York avait à faire face à une situation nouvelle et inquiétante ; il faut attendre quelques générations pour juger les effets de la méthode.

Ce que l'on peut constater, dès maintenant, c'est le résultat de l'effort fait pour adapter les immigrants à la vie américaine et les faire passer d'un coup de leur semi-barbarie à l'existence compliquée d'un habitant d'une des grandes métropoles modernes. C'est ce dressage qui constitue l'essentiel de l'instruction civique à New-York.

Parcourez les ruelles gluantes et boueuses de la basse ville ; les chaussées sont encombrées de voitures à bras où s'étalent les rebuts de la grande ville ; bananes noirâtres et bonbons douteux vendus par des Italiens ou des Espagnols ; hardes inquiétantes charriées par des juifs sordides. Trottoirs et chaussée disparaissent sous les détritus de mangeaille, les papiers graisseux, les chiffons. Voilà le point de départ.

Entrez maintenant dans une des écoles du quartier : garçonnets en blouses proprettes de couleur claire et lavées récemment ; fillettes gentiment vêtues, coquettement enrubannées, voilà ce que l'école a fait des enfants de cette même population. « Nous essayons, me disait un directeur, de refaire l'éducation des parents par leurs enfants ».

Il faut aussi leur enseigner l'honnêteté ; les menus larcins sont la plaie de ces écoles d'immigrants ; le remède est simple : l'exercice physique, la vie au grand air, la constitution d'association athlétiques, la formation d'un esprit social, la gymnastique rythmée, voilà, selon les maîtres de New-York, le moyen de replacer l'enfant dans les conditions normales de l'existence et de développer en lui le respect de lui-même et d'autrui.

Propreté, probité, quelques règles essentielles d'hygiène, la consigne en cas d'incendie, c'est là tout le contenu du premier enseignement civique ; un faisceau d'habitudes, un dressage méthodique bien plutôt qu'un enseignement. Les classes supérieures ajoutent un élément nouveau : l'apprentissage de la discussion publique ; les classes d'histoire et de géographie sont très souvent classes de discussion ; les élèves posent des questions aux maîtres, et, dans certaines écoles, pendant une grande partie de la classe, les élèves se posent des questions les uns aux autres. Au 8e degré, parmi des fillettes de douze à quatorze ans, j'assiste à une leçon sur l'élaboration de la première constitution des Etats-Unis : en une heure, on examina seulement les deux premiers articles, tant les discussions furent longues.

Est-ce à dire que l'éducation américaine prépare à la vie civique? J'hésiterais à l'affirmer. J'ai vu, d'autre part, une tendance quelque peu exagérée à exalter l'orgueil individuel; c'est là le résultat principal de la discipline américaine; on travaille pour être nommé capitaine ou lieutenant de la classe; on étudie pour se produire en public. Car les maîtres aiment à donner fréquemment aux exercices scolaires l'apparat de représentations théâtrales. Souvent, à la fin des assemblées du matin, quelques volontaires se chargent de corser le programme; pour un rien, pour une récitation où les rôles ont été disbués, on se costume, on se donne l'illusion du théâtre. La scène, l'exhibition, les applaudissements grisent maîtres et élèves. Chaque petit acteur a, pour un instant, l'illusion d'avoir été un être exceptionnel, le gamin « le plus extraordinaire du monde ». Et le jeune Américain me semble préparé plutôt à la vie en public que vraiment à la vie publique.

... Ces quelques notes ne prétendent pas donner une idée de l'activité éducatrice d'une cité qui, pour l'enseignement primaire et secondaire, dépense annuellement deux cents millions de francs. L'œuvre est immense, infiniment variée et vivante. Et l'on trouve, parmi toutes les classes de la société, un respect du savoir, et, surtout parmi les classes inférieures, une ardeur à l'étude qui me semblent les traits les plus sympathiques de cette vie new-yorkaise, par ailleurs si fébrile, si aride et souvent si peu sincère.

L'action corporative aux États-Unis dans le personnel enseignant

La Nouvelle-Orléans, 16 janvier 1914.

Irons-nous chercher aux Etats-Unis des exemples d'autonomie en matière d'instruction publique ? Quand dans la plupart des pays du Vieux Monde, les maîtres de tout ordre sont organisés en puissantes associations nationales et s'efforcent de collaborer régulièrement et officiellement avec l'autorité supérieure dans les questions de pédagogie et de discipline, est-ce la grande démocratie du Nouveau Monde, dépourvue de toute tradition monarchique, qui nous présentera la vie corporative intégrale, la collaboration légalement organisée, le jeu harmonieux d'institutions scolaires strictement démocratiques ?

Telle était la question que je m'étais posée, et que je m'efforçai de résoudre en étudiant les institutions scolaires de New-York,

Washington, Chicago, San Francisco, Los Angeles et la Nouvelle-Orléans. Voici les faits que j'ai recueillis : ils pourront surprendre quelques lecteurs, comme ils m'ont surpris moi-même.

Les maîtres des Etats-Unis sont groupés dans une vaste union appelée National Education Association qui comprend, à ce que l'on m'a dit dans les bureaux du Département de l'Education, à Washington, environ 40.000 membres. Cette association est extrêmement hétérogène puisqu'elle groupe à la fois des fonctionnaires de l'administration et des membres du corps enseignant, des maîtres élémentaires, secondaires, supérieurs. Le président actuel est M. Swain, président du Swarthmore College, c'est-à-dire, en quelque manière, doyen de faculté. L'association tient des assises régulières et publie un compte rendu annuel de ses travaux. C'est un gros recueil de dissertations académiques sur les matières de méthode et d'organisation pédagogiques. Avec le rapport annuel du Surintendant de l'Éducation à Washington, il donne une très bonne idée des tendances actuelles de la pédagogie américaine et des récentes expériences, mais ne traite point de la situation des maîtres. Toutefois, dans ces dernières années, l'association a commencé à s'occuper d'une question pratique : le 11 juillet 1911, elle a chargé son président de former un comité de sept membres pour conduire une enquête sur les traitements des fonctionnaires de l'enseignement. Cette commission comprenait — la situation respective des membres est très caractéristique de l'esprit de l'association — : M. Swain, président, trois professeurs d'Université, un inspecteur primaire de New-York, un directeur d'école industrielle, un directeur d'école polytechnique.

Le rapport paru en janvier 1913 est une bonne étude statistique, un tableau objectif et consciencieux de la situation matérielle du corps enseignant dans un certain nombre de villes prises comme types ; mais les auteurs ne tirent pas de conclusions des faits réunis. Il y a là une riche documentation qui pourrait alimenter une campagne vigoureuse ; mais l'association ne se préoccupe pas de la campagne à faire : elle demeure académique d'esprit comme elle est universitaire de composition, et surtout de direction. En réalité, il n'y a pas d'action corporative nationale, comparable à celle de la Fédération des Amicales de France, de la N. U. T. anglaise, de l'Unione Magistrale Nazionale, du Deutscher Lehrerverein. On peut dire que les instituteurs américains ne sont pas encore organisés, en tant que corporation nationale.

La première raison de cette absence d'organisation est l'autonomie des divers Etats de l'Union en matière scolaire: le Bureau d'Éducation de la capitale fédérale n'est qu'un bureau de statistique et d'information ; il n'y a pas d'action corporative nationale parce qu'il n'y a pas d'autorité centrale. D'autre part, les distances aux Etats-Unis sont énormes et les Etats éloignés s'ignorent les uns les autres ; des luttes analogues ont lieu à l'heure actuelle dans divers Etats de l'Union, mais les militants agissent séparément, chacun dans sa sphère particulière, ne se préoccupant nullement des collègues qui ailleurs poursuivent peut-être le même but, aux prises avec les mêmes difficultés. Il n'y a pas, chez les instituteurs des Etats-Unis, un esprit de classe, pas de solidarité nationale. Mais du moins y a-t-il action corporative à l'intérieur des Etats? Pas davantage, et pour les mêmes raisons administratives : les Etats délèguent en fait aux municipalités des grandes villes leur pouvoir législatif en matière scolaire ; car ce sont les municipalités qui paient directement les frais de l'instruction publique. Tout récemment, quelques Etats, la Californie par exemple, essaient de reprendre ce pouvoir et de donner de l'unité aux institutions scolaires ; mais le mouvement est trop nouveau pour avoir suscité parallèlement un groupement corporatif des maîtres de l'Etat. D'action solidaire des instituteurs, on n'en observe que dans les grandes villes et seulement dans quelques-unes d'entre elles, qui actuellement, les unes après les autres et isolément, s'éveillent à la vie corporative.

Et d'abord il faut bien se rendre compte que l'instituteur américain n'existe pour ainsi dire pas, en particulier dans les grandes villes ; il y a seulement et presque exclusivement des institutrices. A Chicago, il y a 5.500 institutrices et 500 instituteurs ; à Cincinnati, 927 et 65 ; à Denver, 696 et 12 ; à Alanta, 371 et 0... Ce corps enseignant, féminin dans sa presque totalité, est gouverné par des politiciens de carrière.

En effet, l'administration scolaire locale est aux mains de conseillers (Board of Education) et d'un surintendant (Superintendent of Education). Les uns et les autres sont le plus souvent et sauf rares exceptions, non des membres de l'enseignement, mais des hommes politiques de la cité. A New-York, Chicago, San-Francisco, le Conseil est nommé par le maire ; à Los Angeles, la Nouvelle-Orléans, il est élu par le peuple ; le surintendant est de son côté, tantôt nommé par le conseil, comme à Chicago et à Los Angeles, tantôt élu directement par le peuple, comme à San-Francisco.

On peut dire que le Conseil a à peu près le rôle du Conseil d'administration d'une entreprise industrielle ; le Surintendant serait le Directeur technique, responsable personnellement du succès de l'entreprise, largement pourvu d'initiative. Si le conseil a surtout la gestion des fonds, c'est le surintendant qui a le plus souvent le pouvoir réel.

C'est le système américain par excellence, basé sur une confiance peut-être excessive dans les fortes individualités, système des autocraties temporaires, des initiatives intenses, souvent fécondes en rapides progrès, parfois aussi peu respectueuses de l'indépendance des subordonnés, surtout quand ces subordonnés sont en majorité des femmes. L'administration des Conseils a, de son côté, donné lieu à de très graves critiques, spécialement sous le rapport de la vénalité ; dans certaines villes on dit couramment qu'une place de Conseiller d'Education est plus recherchée que celle de conseiller municipal parce que les bénéfices y sont plus grands. Pour préciser, il faudrait par exemple citer l'histoire de l'aliénation, à Chicago, pour des prix dérisoires, des propriétés dévolues au service de l'instruction publique.

En tout cas, jusqu'à présent, il n'est rien aux Etats-Unis qui puisse rappeler les divers conseils de France où en matière pédagogique et disciplinaire on voit siéger côte à côte des représentants de l'autorité et des représentants du personnel. Deux garanties s'offrent aux maîtres américains : le recours aux tribunaux ordinaires, et dans la pratique ce recours est assez fréquent ; et d'autre part l'appel à l'opinion publique, moyen assez efficace puisque les autorités tiennent en dernière analyse leur pouvoir de l'élection populaire. Moyens longs, pénibles, non dénués d'un aspect de violence et d'exception et qui donnent à l'action des fonctionnaires un caractère heurté, l'aspect d'une force encore incohérente en voie d'organisation. Nulle part ce caractère n'apparaît mieux qu'à Chicago.

La première ébauche d'organisation du personnel dans cette ville date de 1895 ; elle fut suscitée par le vote d'une loi sur les retraites et la jeune fédération constituée alors rapidement ne s'occupa tout d'abord que de l'application de cette loi. Mais dès 1897, elle entrait en campagne pour demander l'augmentation des salaires ; dans un message au Conseil d'Education de la ville, elle montrait que, dans les vingt dernières années, les salaires des ouvriers et employés avaient crû de 50 pour 100, les traitements des institutrices de 6 pour 100 seulement ; dès 1898, année d'élections municipales, les traitements maxima étaient portés de 800 à 1.000 dollars.

En 1901, nouvelles élections, nouvelle augmentation. Mais, tout de suite après, en janvier 1902, les traitements sont ramenés par le

Conseil au taux ancien, d'avant 1898 « vu l'état des finances de la ville ». En réalité, les élections terminées, les élus jugeaient inutile de continuer à ce groupe d'habitants un traitement de faveur, la fête passée...

La fédération se charge cependant de trouver les fonds municipaux nécessaires pour maintenir l'augmentation obtenue ; elle prouve que les grandes corporations industrielles (entreprise du gaz, etc.), par suite de la négligence ou de la trop grande « bienveillance » de l'administration municipale, ne paient pas les taxes scolaires fixées par la loi. La fédération intente à ses frais une action devant les tribunaux : ces diverses corporations sont contraintes de verser à la ville 3 millions de francs de taxes en retard... et la ville, avec ces fonds, augmente les salaires des sergents de ville et des pompiers — tous électeurs (7 juillet 1902).

Quant aux maitres (pour la plupart des institutrices sans droits politiques) non seulement leurs traitements n'étaient pas rétablis, mais leur nombre était diminué et passait de 5.885 en septembre 1900 à 5.385 en septembre 1902, soit une diminution de 500, malgré l'augmentation constante de la population scolaire. Pour obtenir le retour aux traitements de 1901, la fédération est contrainte d'intenter une nouvelle action judiciaire — qu'elle gagne encore — cette fois contre le Conseil d'Education.

Entre temps, le 7 novembre 1902, la fédération s'affiliait à la Bourse du Travail (Labor Union) de Chicago, et en janvier 1903 elle obtenait du Conseil une échelle de traitements de 550 dollars (traitement de début) à 1.000 (maximum). En 1907, nouvelle alerte : l'échelle des traitements est abaissée après les élections municipales ; mais, dès 1908, la fédération obtient le rétablissement des chiffres de 1903.

Elle s'est d'ailleurs fortement organisée ; elle comprend 4.250 membres et entretient comme secrétaires deux institutrices en congé, à qui elle paie leur traitement intégral, miss Goggin et miss Haley, qui consacrent à l'œuvre corporative une ardeur d'apôtres doublée d'un sens politique très remarquable. Comme on pouvait le prévoir, la lutte contre les politiciens de la cité a donné aux dirigeantes de la fédération la pratique et le goût des luttes politiques ; connaissant à merveille le mécanisme des partis et le jeu des intérêts elles ont pris résolument l'offensive et obtenu, en juillet dernier, le suffrage des femmes en matières municipales pour l'Etat d'Illinois.

Et maintenant, les institutrices de Chicago vont contribuer à élire le conseil municipal et le maire et par le maire peser sur le Conseil d'Education. Elles travaillent en ce moment à faire l'éducation politique des femmes nouvellement promues au rôle d'électeur. J'ai assisté au premier des meetings électoraux préparatoires où miss Haley, dans un des faubourgs de la ville, prêchait aux femmes du peuple leurs devoirs en matière d'administration scolaire et d'assainissement de la politique municipale. Cette éducation politique profitera en première ligne aux éducatrices; et les politiciens prévoyants se répandent déjà en promesses vis-à-vis des institutrices : singulier revirement de fortune, si l'on songe aux diminutions de traitement et aux suppressions de postes de 1902 !

De telles luttes judiciaires et politiques, dont on peut trouver des exemples dans d'autres villes d'Amérique, à Washington ou à San-Francisco et ailleurs, ne sont que des moments de crise dans la vie corporative. Parfois, la crise passée, la solidarité disparaît aussitôt comme à Washington. Mais il semble bien que les associations récemment formées veuillent jouer un rôle permanent et régulier dans la vie administrative. Ici et là, par une sage prévoyance, l'initiative de la collaboration vient d'en haut.

A New-York, durant mon séjour de novembre dernier, j'ai assisté précisément à l'organisation de cette collaboration, voulue par le président du Conseil d'Education, esquissée par le surintendant Dr Maxwell. A Chicago, dans l'année scolaire 1912-1913, miss Ella Flagg Young, la vénérée doyenne des surintendants, a organisé deux meetings des représentants de l'administration et du corps enseignant ; ils ont été trop brefs pour donner des résultats pratiques, mais c'est une indication pour l'avenir.

A la Nouvelle-Orléans, le surintendant et le Conseil avaient fait paraître des règlements et programmes nouveaux qui devaient entrer en vigueur en octobre dernier, et en même temps, comme autrefois, à Chicago, on retenait aux institutrices — mais non aux autres fonctionnaires de la ville — un mois de traitement « à cause de l'état des finances » et l'on abaissait l'échelle des traitements. Les institutrices-adjointes particulièrement lésées s'organisèrent en une association qui groupa bientôt 700 membres. Le mois de traitement étant perdu sans retour, l'agitation se dirigea contre les règlements et programmes; on reprocha notamment au conseil d'avoir créé douze postes d'inspecteurs du dessin et de la couture dans les écoles primaires — pour caser des amis politiques — dans le même temps que ce même conseil déclarait les finances municipales obérées; et l'on fit une critique très vive de certaines autres dispositions.

L'administration en reconnut le bien-fondé et pendant mon séjour même à la Nouvelle-Orléans, dans la seconde semaine de janvier, le Conseil d'Education et le surintendant ont invité les représentants des institutrices à discuter les dispositions nouvelles dont la mise en vigueur était suspendue : ici encore la collaboration est amorcée. Elle se borne à l'heure actuelle aux questions de programmes et de pédagogie. S'étendra-t-elle aux questions de discipline?

Je me permettrai de rapporter, pour finir et pour répondre à ce dernier problème, un court entretien que j'eus avec le surintendant des écoles de la grande et ambitieuse ville-champignon qu'est Los Angeles. Il m'avait vanté les innovations de son cru, le *self government* introduit par lui dans les écoles, l'indépendance des jeunes élèves libres de se gouverner eux-mêmes et les merveilles de ce régime de liberté. Il voulait visiblement donner une leçon de pédagogie libérale au professeur du Vieux Monde qui l'écoutait avec déférence. L'exposé magnifique heureusement terminé, je demandai doucement : « Vous avez pleine confiance dans la sagesse de vos enfants ; avez-vous la même confiance en vos adultes ? Vous allez donc donner le *self government* à vos instituteurs et vos institutrices ? — Jamais de la vie ! Ce n'est pas la même chose ! » Je crois, n'en déplaise au parfait gentleman qu'est M. Francis, que l'administration municipale de beaucoup de villes d'Amérique — et probablement de Los Angeles — sera avant longtemps amenée à cette grave concession.

Le Bureau de l'Enfance à Washington

Le 23 août 1912 s'est ouvert à Washington, un bureau fédéral de l'enfance, *The Children's bureau* sans pouvoir législatif, administratif ni judiciaire, mais dont la tâche est de réunir toutes les informations relatives à l'enfance, dans les Etats de l'Union et au dehors, et de les mettre à la disposition des diverses législatures de la Fédération, — cabinet consultatif en matière d'hygiène et de protection de l'enfance. Il fait partie actuellement du Ministère du Travail, récemment détaché du Ministère du Commerce, pour constituer un département indépendant.

Le Bureau de l'enfance va sortir de la période d'organisation; il commence à jouer un rôle dans l'Union ; il est déjà possible, après une visite faite en décembre 1913 à ses principaux fonctionnaires, et en complétant mes informations personnelles par les publications éditées par le bureau jusqu'en juin 1914, de donner une idée de son activité et de son importance.

L'idée première du Bureau remonte à une dizaine d'années et le premier projet est dû à miss Lillian D. Wald, directrice du *Nurse's Settlement* de New-York; sa conception d'un bureau fédéral chargé de rechercher et de publier les mesures utiles à la protection de l'enfance trouva tout de suite l'appui de personnalités éminentes, — comme miss Jane Addams, de Chicago, — de ligues puissantes comme la Confédération du travail, la fédération des Clubs de femmes, la Ligue nationale des consommateurs, etc. Une organisation plus directement intéressée se chargea de réaliser le projet qui commençait à occuper l'opinion publique : ce fut le Comité national du travail de l'enfance. Par ses soins, un projet de loi fut présenté au Congrès dans l'hiver 1905-1906, mais bien que soutenu par le Président de la République, par les membres du cabinet, par des députés et des sénateurs, il se heurta à l'indifférence ou à la défiance de la majorité. En 1908-1909, il est présenté de nouveau; le Président de la République, Th. Roosevelt, a réuni les 25 et

26 janvier 1909, à la Maison Blanche, une conférence sur l' « Enfance à la charge de la société » qui s'est prononcée pour l'établissement d'un bureau fédéral et ce bureau fait l'objet d'un message présidentiel au Congrès. Cette fois encore la loi est repoussée et il en est de même dans la session 1909-1910.

Mais les associations américaines ne se découragent pas. Le Comité national du travail de l'enfance groupe dans une brochure de combat (Pamphlet n° 122, décembre 1909) tous les arguments, toutes les interviews, tous les vœux de congrès et les déclarations favorables à l'établissement du bureau projeté. Les Ministères qui auraient pu revendiquer sa fonction comme partie inhérente de leur tâche ont été consultés prudemment : le directeur de la Statistique (Census) a repoussé comme hors de sa compétence l'enquête sur « les dégénérés, les orphelins, la criminalité juvénile et les tribunaux d'enfants » ; le Commissaire du Travail a reconnu qu'il était nécessaire de créer un organisme indépendant ; le Commissaire d'Éducation a demandé qu'un bureau particulier renseigne le Bureau de l'Éducation sur « les conditions dans lesquelles se développe actuellement l'enfance de ce pays ».

Au 62e Congrès, dans la session de 1911-1912, la commission de sénateurs chargée d'examiner le projet de loi revenu devant la haute assemblée réimprime purement et simplement la brochure du Comité national du Travail de l'Enfance dans son rapport (14 août 1911), favorable à l'établissement du bureau ; et, cette fois, l'opinion publique, méthodiquement travaillée par les associations diverses, fait pression sur les législateurs : les industriels qui craignent de nouvelles ingérences dans l'usine qui emploie des mineurs, les particularistes pour qui un nouvel organisme fédéral est toujours une menace, sont obligés de céder ; la loi est votée par les deux assemblées, approuvée le 9 avril 1912, mise à exécution le 23 août de la même année, après huit ans d'efforts.

Le texte de la loi qui établit un bureau, « to be known as the Children's Bureau », est excessivement bref et précis. De ses cinq articles, le premier lui donne son nom, le troisième énumère ses fonctionnaires et leurs traitements, le quatrième en deux lignes lui attribue un local (de 2.000 dollars au plus) et le cinquième donne la formule législative d'usage. C'est le deuxième qui est sa véritable charte constitutive et il importe d'en citer le texte en entier : « ... Que ledit bureau sera sous la direction d'un chef, nommé par le Président (de la République) avec l'avis et le consentement du Sénat, lequel chef recevra un traitement annuel de cinq mille dollars (vingt-cinq mille francs). Ledit bureau fera des recherches et enverra des rapports au département (du Travail) sur toutes les matières relatives au bien-être matériel et moral de l'enfance dans toutes les classes de notre peuple, et spécialement : la mortalité infantile, la natalité, la situation des orphelins, les tribunaux pour enfants, l'abandon des enfants, les métiers dangereux, les accidents et les maladies infantiles, le travail salarié, la législation relative aux enfants dans les divers États et territoires de l'Union. Mais nul fonctionnaire, agent ou représentant dudit bureau ne pénétrera dans une habitation privée si le chef de famille s'y oppose. Le chef dudit bureau pourra de temps à autre publier les résultats des investigations énumérées ci-dessus, dans la mesure et dans la forme que pourra prescrire le Secrétaire d'État (du Travail). »

Il est donc bien spécifié que le Bureau nouveau est exclusivement un office d'information; le rapport sénatorial, déjà cité, insiste particulièrement sur ce fait : « Le Bureau n'empiète pas sur les droits des États particuliers et ne dispense pas non plus ceux-ci de s'occuper de l'enfance; le devoir de légiférer en matière de protection de l'enfance incombe aux États et ce sont eux qui peuvent le faire le plus efficacement; mais il a paru que le devoir du gouvernement fédéral était d'aider les États à réunir des faits et des informations, car il était mieux en situation d'opérer des enquêtes sur tout le territoire. »

Mais même limité à ce rôle d'enquêteur, le Bureau nouvellement créé avait devant lui un champ d'activité immense, vu la diversité des législations, des populations et du degré même de civilisation dans les cinquante-deux Etats et Territoires de l'Union. Voici, d'après les déclarations de ses chefs et d'après le « Premier rapport annuel » du 17 janvier 1914, comment il entendit commencer son œuvre.

Bien que d'après le texte de la loi son action doive avoir pour objet le bien-être de la totalité ou du moins de la majorité des enfants, l'élévation générale du niveau de santé et de bien-être, il a apparu à ses dirigeants que le progrès général était tout d'abord lié au sort de la minorité, d'une minorité souffrante, « les dépendants » (à la charge de la société, tels qu'orphelins, abandonnés, etc.), « les délinquants », les « déficients » (anormaux, aveugles, etc.) et ceux qui sont « astreints à un travail prématuré ». Protéger cette minorité arrêtée dans son développement normal, c'est du même coup relever sensiblement la moyenne générale de la vie infantile. Limité par la loi à quinze fonctionnaires, le Bureau avait des moyens d'action médiocres. Il fallait, pour la première année de son existence, choisir un problème d'intérêt immédiat, d'investigation relativement aisée et peu coûteuse, mais qui donnât des résultats aussitôt tangibles — et ceci est bien américain, et d'ailleurs fort raisonnable.

Le premier problème abordé fut celui de la *mortalité infantile*, « l'indication la plus subtile que nous possédions sur l'état matériel et moral d'une société ; si les enfants étaient mis au monde et soignés dans des conditions normales, le chiffre de leur mortalité serait négligeable ; la mortalité infantile d'un pays donne la mesure de l'intelligence, de la santé et de la conduite des père et mère, le niveau de la moralité et de l'hygiène dans les communautés et les états, la valeur des médecins, des infirmières, des fonctionnaires responsables de l'hygiène, et des éducateurs ».

Mais à peine le Bureau commençait-il son œuvre qu'il se trouva arrêté par une question préalable : les Etats-Unis ne possèdent pas d'état-civil ; il n'y a nulle part encore de registre complet des naissances ; toute étude sérieuse de l'enfance est paralysée. Aussi la première brochure publiée par le Bureau de l'enfance est-elle consacrée à cette question préalable : « La déclaration de naissance, aide pour la protection des vies et des droits des enfants. » Cette publication nous apprend que huit Etats possèdent un état-civil (d'ailleurs encore incomplet), que seize se préoccupent d'assurer la déclaration des naissances, que vingt ne songent pas à améliorer leur législation et que quatre enfin n'ont aucune législation relative à l'état-civil.

Pour illustrer les inconvénients de cette situation, la brochure cite l'anecdote suivante : « Un fermier d'Indiana, justement inquiet de la conduite de son fils, ne lui laissa en mourant son domaine qu'à titre d'usufruit, pour être remis à sa petite-fille à sa majorité. Celle-ci arrivée à l'âge de vingt et un ans réclama son héritage, mais le père affirma qu'elle n'avait que dix-neuf ans. La Bible de famille fut consultée, mais la page où l'inscription avait pu être faite avait disparu. La cour était indécise. Enfin un voisin se rappela qu'une vache du grand-père avait eu un veau le jour même de la naissance de la fillette et qu'il était prêt à l'affirmer sous serment. On consulta alors les livres tenus par le fermier : le grand-père avait inscrit la naissance du veau ainsi que la coïncidence, et c'est ainsi que fut établie l'année de la naissance de la jeune fille. » Histoire spécifiquement américaine, et dont l'humour quelque peu gros est destiné à frapper les esprits simples. La brochure contient en appendice un projet de loi très étudié, établissant l'obligation de la déclaration de naissance et de décès; le travail des législateurs d'États est tout préparé.

Mais en même temps le problème de la mortalité infantile était abordé directement. Une ville de faible population fut choisie comme sujet d'études : d'abord parce que les frais d'investigation étaient moins élevés que dans un grand centre, puis parce que les grandes villes font déjà beaucoup plus pour la protection du premier âge que les campagnes et les petites villes. Johnstown, en Pensylvanie, fut choisie, à cause de son type mixte, mi-rural et mi-industriel (aciéries et charbonnages). L'enquête a duré du 15 janvier au 26 mars 1913 ; quatre agents y furent employés, un homme comme secrétaire et trois fonctionnaires - femmes pour enquêter à domicile ; — en tout trois cent quarante-neuf journées de travail. Le résultat de l'enquête n'était pas encore publié en mai 1914, mais était promis pour une date prochaine.

Dans le même ordre d'idées, le Bureau a publié, en juin 1913, une première brochure (Infant mortality series ; n° 1) ; c'est un bulletin qui sera publié chaque année, et veut faire profiter la Fédération des expériences et initiatives isolées de chaque communauté de l'Union. Pour établir ce numéro, le Bureau a écrit à cent neuf villes de plus de 50.000 habitants; la brochure donne des conclusions générales sur les procédés les plus pratiques employés dans différents centres, par exemple pour assurer un lait pur aux enfants nourris artificiellement, par exemple aussi pour le service de « nurses » municipales chargées de visiter les nouveau-nés, ou encore l'organisation de campements en plein air pendant l'été, dans des endroits élevés et sains, pour les jeunes mères pauvres qui nourrissent un enfant. En appendice, la brochure donne des spécimens extrêmement curieux de feuilles de conseils pratiques, imprimées dans toutes les langues des immigrants et distribuées à profusion par certaines municipalités.

On jugera de cette œuvre par les titres des feuillets distribués par le bureau d'hygiène de Pensylvanie : « Save the babies — Salvate i bambini — Erhaltet die Säuglinge », et je ne cite pas le polonais, le yiddish, le slovaque, ni le hongrois.

Du 30 mars 1914, une seconde brochure

dans « Infant mortality series » ; elle cite un exemple hors des États-Unis, la société néo-zélandaise pour la protection de la femme et de l'enfant, qui a réduit, si l'on en croit ce rapport, la mortalité infantile de Dunedin (60.000 habitants) de 50 p. 100 en cinq ans, de 1907 à 1912, et l'a amenée pour la mortalité dans la première année à 4 p. 100 des naissances (Paris 12, Berlin 15, Vienne 17, Pétersbourg 28).

Comme complément à cette investigation des conditions actuelles, bonnes ou mauvaises, aux États-Unis et au dehors, le Bureau se propose de donner parallèlement des conseils généraux et il a inauguré à cet effet une série de monographies « Care of children series » par une brochure intitulée « Prenatal care ». « Les derniers rapports du bureau du Census, sur la mortalité dans la fédération, montrent qu'un peu plus de 42 p. 100 des enfants qui meurent dans la première année, n'ont pas même achevé le premier mois de leur existence, et que, parmi eux, près des trois quarts meurent par suite de conditions qui existaient avant leur naissance, ou de lésions et d'accidents survenus au moment même de leur naissance... Il a donc paru inévitable de commencer cette série par des conseils sur les soins à donner, avant et pendant la naissance, à la mère et à l'enfant. »

Ces travaux divers sur la mortalité infantile ont absorbé la plus grande partie de l'activité du Bureau nouvellement organisé. Il a pourtant esquissé deux ou trois autres œuvres parallèles. Il s'est occupé du *travail des enfants;* il a commencé à établir un catalogue des lois, en vigueur dans les différents États de l'Union, qui réglementent le travail des enfants, l'âge minimum, le genre de travail permis, les pénalités pour violation de la loi; il a étudié la question des certificats exigés par certaines législations, des mineurs employés dans le commerce ou l'industrie; et il prépare aussi une statistique générale du travail des enfants.

Le travail du Bureau est un peu plus avancé en ce qui concerne la partie *purement statistique* de son œuvre; il a publié la première moitié d'un ouvrage qui devra servir de base à toutes les études ultérieures, un « manuel de statistique fédérale de l'enfance ». C'est un extrait des recensements généraux, basé principalement sur le recensement fédéral de 1910. La première moitié parue donne le nombre des enfants de la fédération, leurs âge, sexe, race, naissance, parenté, distribution géographique; par exemple un tableau, pris entre quarante autres, montre, pour chaque ville de 25.000 habitants et au-dessus, l'âge, le sexe, la race, le lieu de naissance des enfants de moins d'un an. La seconde partie du « manuel statistique » traitera du taux de la natalité, de la mortalité, de la fréquentation scolaire, de l'analphabétisme, des enfants anormaux, « dépendants » et « délinquants », du travail salarié.

Il faudrait, pour compléter cet exposé de l'œuvre accomplie, citer la coopération du Bureau de l'enfance avec des associations privées, comme les Clubs de femmes, — l'exposition du « child welfare » à l'Exposition nationale de Knoxville, tenue en septembre et octobre 1913, — la correspondance avec les municipalités, les particuliers en quête d'aide et de conseils, — la constitution d'une bibliothèque relative à la protection de l'enfance, etc.

Mais le jeune Bureau se sent trop limité dans son action par la médiocrité des moyens mis à sa disposition. Il fait appel aux législateurs pour obtenir bientôt une charte élargie; il voudrait se constituer en sections distinctes pour pratiquer une division raisonnée du travail : service de santé, service de protection industrielle, action sociale, enquête et statistique avec vingt-sept agents itinérants, bibliothèque, en tout soixante-seize employés (au lieu de quinze) et un budget de 164.640 dollars (au lieu de 25.640). Il voit grand.

Il est fort probable d'ailleurs qu'il obtiendra sous peu ce qu'il désire. Protection de l'enfance, hygiène publique sont aux États-Unis des mots magiques qui émeuvent l'opinion; et de plus, l'importance toujours plus grande du suffrage féminin assure au Bureau fédéral de l'enfance un avenir certain et une action décisive. Car c'est là un des très beaux côtés du féminisme américain : dans les États où elles ont été émancipées, les femmes américaines ont usé de leurs droits politiques nouveaux pour des œuvres vraiment féminines, d'équité, de bienfaisance, de solidarité sociale : réforme du régime des prisons, défense de la femme, protection de l'enfance. Pour cette dernière œuvre, l'institution du Bureau fédéral de Washington est d'une importance capitale ; il montre par ses enquêtes la situation actuelle, les progrès isolés dans quelques villes américaines ou au dehors, le point de départ et le chemin à parcourir ; il touche les questions graves, les maux de cette minorité d'enfants, condamnée ou à une mort prématurée, ou à un travail au-dessus de ses forces, ou à la misère ou au crime.

Avec le Bureau comme organe d'information et de publicité, les associations féminines comme centres d'action et d'énergique propagande, les États-Unis sont désormais armés pour protéger et défendre la vie, le bien-être, la santé physique et morale des jeunes générations. C'est de belle et bonne politique sociale, prévoyante et de large envergure. Et déjà, la lutte engagée sur un point — la mortalité infantile — ne tardera pas à donner des résultats, car la République américaine est décidée à faire cesser sur son territoire ce paradoxe attristant, « que de toutes les professions dangereuses, la plus incertaine est celle de nouveau-né ».

Deux peuples, deux méthodes

Rio de Janeiro, 30 mars 1914.

A Chicago : une sorte d'école primaire supérieure ; l'assistance, de grands diables blonds et gauches, mal vêtus, fils d'immigrants, robustes et rudes ; tout à l'heure, ils ont été égayés par l'arrivée du professeur étranger et ont lancé tout haut des plaisanteries sur son nom pendant que le directeur faisait les présentations d'usage. La leçon, un exposé sur la pression atmosphérique.

La salle est vaste, encombrée de tables devant lesquelles se prélassent les gars américains, les jambes allongées un peu partout ; une immense table d'expériences ; des appareils posés et accrochés çà et là.

Dans le brouhaha du commencement de la classe, j'aperçois un de mes gaillards qui escalade la table d'expériences ; le voilà en pied, avec son pantalon trop court, ses cheveux rouges hérissés, ses mains énormes qui cherchent les poches comme unique et paisible refuge ; à côté de lui, sur la même table, un bidon à pétrole vide a été chauffé presque au rouge par plusieurs becs Bunsen; le professeur charge son élève de revisser le bouchon qui ferme le bidon hermétiquement et lui enjoint d'arroser celui-ci d'eau froide; mon grand diable saisit un arrosoir et en vide le contenu d'une main rude, éclaboussant l'assistance ainsi que le professeur étranger qui prend ainsi une part copieuse à l'expérience. Mais, ô merveille, sous la douche froide, le bidon se tord, s'aplatit, se recroqueville au milieu de la joie bruyante des assistants; et maintenant la vraie leçon commence, faite d'un échange de vues entre le professeur et ses élèves, entre les élèves eux-mêmes. Expérience, discussion, libre allure d'une pédagogie vivante dans un peuple jeune, robuste et rude.

A Rio de Janeiro : le cours supérieur d'une école publique. Adolescents bruns, aux yeux noirs ardents et voluptueux, cheveux admirablement soignés, pommadés et lustrés; mise élégante, cravate poëtique, bottines irrésistibles, chaussettes qui sont des trouvailles ! Tout à l'heure, ils vont faire la haie dans le corso classique de la Rua Ouvidor, en groupes devant les parfumeries accueillantes ou les somptueuses bijouteries, échangeant des regards tendres avec les jeunes élégantes ou domptant leurs conquêtes d'œillades victorieuses.

Ici, négligemment accoudés, ils laissent passer, sans intérêt marqué, une leçon de physique. Ils n'ont accordé au professeur étranger qu'une attention fort médiocre : un examen bref mais décisif leur a montré que le nœud de sa cravate n'exprimait pas d'idée nouvelle. Pour l'instant donc, il s'agit des propriétés générales des métaux.

D'objets concrets, pas de trace dans la salle ; on énumère des qualités abstraites en mots majestueux et sonores ; chaque mot traîne après lui, comme un vêtement chatoyant, sa définition superbe. En portugais, comme dans toutes nos langues latines, l'abstraction se drape merveilleusement. Les auditeurs nonchalants commencent à s'émouvoir au beau rythme des phrases ; des doigts se lèvent, les réponses se multiplient, c'est une joute courtoise où chacun sent vivement l'élégance de la formule.

Mais voici qu'une erreur oblige le maître à se référer à la réalité, il veut concrétiser l'idée de ténacité en montrant la résistance comparée de fils de nature diverse. Rien de plus simple : au tableau, il dessine un fil et un poids, un autre fil tendu par un autre poids; le fil de droite est en fer et tient bon, celui de gauche est en plomb et nous disons qu'il se casse; voilà l'expérience réalisée; tous les esprits sont satisfaits : ce qu'on ne doit point voir, qu'un récit nous l'expose, disait utilement Boileau. Et ce peuple est intelligent, cette race est fine, dotée de tous les dons brillants et heureux des peuples latins, nos frères.

Une École Normale de langues vivantes

Buenos-Aires, avril 1914.

De grandes jeunes filles de vingt à vingt-quatre ans. Aux murs, des cartes du pays étranger dont on étudie la langue, cartes de France ici, puisque je suis en ce moment dans la section française. Au tableau noir, des croquis esquissant le cours de nos fleuves car la leçon précédente, en français, avait pour sujet l'hydrographie de la France. Actuellement, nous sommes en leçon de méthodologie des langues vivantes et le professeur expose, toujours en français, dans cette leçon inaugurale du cours, les idées de Quintilien, de Montaigne, de Rabelais, en matière d'étude d'idiomes étrangers. A côté, une section supérieure discute, en français, les origines du romantisme. — Et ce n'est pas là une création nouvelle, une tentative éphémère ou une entreprise privée, c'est une institution d'Etat, vieille d'un peu plus de dix ans, la « Escuela normal del profesorado en lenguas vivas » de la République Argentine, à Buenos-Aires.

L'Argentine est la terre des expériences. Depuis dix ans, les instituts spéciaux pour la formation du professorat jaillissent du sol avec une exubérance extraordinaire ; il en est qui, telles des plantes caduques, ne vécurent qu'une saison, ainsi cette « école normale supérieure », qui devait préparer les professeurs d'école normale primaire. D'autres croïssent, meurent, puis repoussent obstinément, comme cet « institut du professorat secondaire », de personnel allemand, que la mort semble guetter, mais qui s'acharne à vivre. D'autres enfin sont, semble-t-il, plantes vivaces, bien enracinées, d'un caractère national qui garantit leur avenir, tel l' « institut de culture physique », telle encore l'école de langues vivantes dont je voudrais parler ici.

L' « école normale du professorat des langues vivantes » a été créée par les décrets des 28 octobre 1903 et 10 février 1904, comme complément et annexe de l'école normale primaire de jeunes filles, n° 2, de Buenos-Aires. Son fondateur est le ministre de l'instruction publique, Juan Fernandez, dont la disparition prématurée a laissé tant de regrets. Ce qu'était à cette époque l'enseignement des langues vivantes dans l'enseignement secondaire et normal, quelques citations suffiront à l'établir. Le rapport officiel du chef de l'enseignement secondaire et normal, Don Pablo Pizzurno, dit, en ce qui concerne les langues étrangères (année 1901-1902) : « Il ne reste, au sortir de ces heures désespérément longues, dans la mémoire de l'élève, que définitions grammaticales, règles et exceptions, listes de mots et phrases d'exemples ».

Voilà pour le fond des leçons. Quant à l'aspect, l'éminent professeur de la Faculté de Buenos-Aires, Dr R. Rivarola, nous l'esquisse dans son petit livre, *Fernando en el colegio*, page 41 : « Ce qui distinguait la classe de langues vivantes, c'était le manque d'ordre et de discipline ; bruyante au début, elle était en révolte à la fin ; pas un élève n'aurait mérité en une autre leçon, en histoire par exemple, les punitions qui se prodiguaient en leçon de langues vivantes ». Les professeurs, c'étaient le plus souvent des étrangers, arrivés par aventure à la pédagogie après une vie parfois fort mouvementée et qui ne les préparait pas précisément à leur rôle d'éducateurs. Il y avait naturellement des exceptions, et j'ai connu à mon passage à Buenos-Aires, dans les collèges nationaux, des professeurs français fort distingués, dont quelques-uns n'avaient pas de préparation spéciale et qui se sont révélés d'excellents éducateurs. Mais ils m'ont dit eux-mêmes combien d'autres, parmi leurs collègues ou compatriotes de cette génération, n'avaient aucune aptitude pour la tâche que les hasards de leur vie leur avaient fait assumer.

Une enquête menée par un directeur d'institut privé de langues vivantes à New-York, Diez de la Cortina, engagé au service du gouvernement argentin par le ministre Fernandez, arriva à cette conclusion : « De tous les professeurs de langues vivantes en fonctions dans les collèges et les écoles normales, ceux qui apparaissaient comme le mieux préparés étaient les maîtres argentins, sortis des écoles normales primaires, qui s'étaient ensuite consacrés à l'étude et à l'enseignement des langues étrangères. » (Discours Juan Fernandez à la distribution des premiers diplômes de professeurs de langues vivantes, 1907). Cette conclusion détermina la création d'une école spéciale et la modalité même de cette création. Il se trouvait qu'une des écoles normales primaires de la capitale donnait, exceptionnellement, des résultats satisfaisants dans l'enseignement des idiomes étrangers : « Les élèves du degré supérieur, en 1903, s'exprimaient couramment en anglais, commentaient en langue étrangère des œuvres littéraires et faisaient à l'école annexe élémentaire un cours pratique d'anglais, selon les principes pédagogiques suivis dans les autres disciplines d'enseignement. » (Publication officielle de l'Ecole de langues vivantes). Ce fut cette école normale que le ministre choisit pour servir de base à l'école normale spéciale qu'il projetait.

Les décrets cités plus haut créent un titre nouveau, le professorat de langues vivantes pour les langues suivantes : français, anglais, italien, allemand. La préparation se fera dans le cours créé à l'école normale n° 2 de jeunes filles. Le seul titre exigé à l'entrée est le diplôme d'instituteur sortant de l'école normale primaire. Les cours durent trois ans et se divisent en études théoriques et apprentissage pratique. La pratique se fait : 1° à l'école primaire élémentaire annexée à l'école normale, mais seulement avec les enfants dont les parents ou tuteurs ont demandé l'inscription à ce cours spécial; — 2° à l'école normale primaire dans le cadre des programmes de langues vivantes communs à tout l'enseignement normal; — 3° aux adultes du cours du soir. A l'école primaire et au cours d'adultes, l'enseignement doit se donner par la méthode directe ; à l'école normale primaire, selon une méthode mixte.

Comme on le voit par ce bref historique et par l'analyse des décrets organiques, l'école normale spéciale argentine n'est pas un organisme indépendant et nouveau ; il est venu se greffer sur une école déjà très complexe et l'ensemble donne actuellement l'impression d'une très grande complication : cours d'adultes, école élémentaire de six degrés, école normale de plein exercice, école normale spéciale. Ajoutez à cela que tous ces éléments un peu disparates sont réunis dans un local étroit, maison de rapport et non construction scolaire, à salles donnant toutes sur une unique cour intérieure et le plus souvent sans fenêtres, de sorte que toutes les salles doivent être toujours largement ouvertes sur la cour unique. L'horaire est une merveille de dextérité si bien que toutes les salles soit toujours occupées : l'école spéciale de langues vivantes fonctionne de 10 à 2 h. (la 3e année de 10 à 1 h.) ; l'école normale de 10 à 4 h. ; les degrés supérieurs de l'école primaire de 11 à 4 h. et les degrés élémentaires de 12 à 4 h. Et il faut tout le tact, toute l'autorité discrète et ferme de la très distinguée directrice, Señorita Inés Recalt, pour maintenir l'ordre parmi cette jeunesse argentine exubérante, dans des conditions si défavorables à la discipline.

L'école spéciale de langues vivantes, telle que je l'ai observée, reste fidèle aux intentions de son fondateur. Elle a gardé, malgré quelques protestations, et après quelques hésitations, sa division en trois années d'études. Mais, faute d'un local suffisant, elle a dû jusqu'ici limiter son action : elle ne reçoit que des jeunes filles, elle ne prépare au professorat que pour le français et l'anglais. Le français est placé sous la haute direction d'un Français d'origine, romaniste distingué, M. Camille Morel, d'autre part professeur d'esthétique à l'Université de Buenos-Aires, qui imprime à l'enseignement de la section française, à l'école normale spéciale, un cachet littéraire.

L'anglais est plutôt sous l'influence allemande, et la phonétique, la linguistique y jouent un rôle prédominant. J'ai assisté, à une classe d'application à l'école primaire des degrés tout à fait élémentaires ; la leçon d'anglais était faite par un élève de l'école spéciale, selon les principes de l'école ; c'était la première année, le premier mois d'études de l'anglais pour les fillettes du cours élémentaire, et la leçon fut uniquement une leçon de prononciation de deux sortes de a. La leçon était d'ailleurs gentiment enjolivée ; une esquisse nous représentait un amour de chat (cat) ; une caricature, un chapeau invraisemblable (hat) ; mais les mots n'étaient pas présentés pour eux-mêmes ; il s'agissait seulement d'apprendre deux sons (cat, black). On m'a assuré, d'ailleurs, que cette méthode intéressait les petites élèves.

Ce qui est sans doute le plus remarquable, c'est la conception vraiment très large et très moderne de la préparation générale et pratique d'un professeur de langues vivantes — et c'est pour une grande part la conception personnelle de M. Camille Morel qui a ici prévalu. Voici le programme des études, le même pour le français et l'anglais :

	NOMBRE D'HEURES PAR SEMAINE		
	1re année	2e année	3e année
Langue et littérature étrangères. .	9	9	9
Lecture et phonétique.	4	—	—
Psychologie	—	3	—
Philologie.	—	—	3
Géographie des pays étrangers. .	2	3	
Histoire des pays étrangers. . . .	—	—	—
Méthodologie et histoire de l'éducation	4	2	—
Pratique.	2	4	6
Espagnol	3	3	—
	24	24	18

Comme on le voit, l'enseignement prend un caractère de plus en plus pratique vers la fin des études.

L'enseignement d'une langue vivante se fait de façon fort sérieuse à travers tous les degrés de l'établissement si complexe : il commence au troisième degré (enfants de

9 à 10 ans) de l'école élémentaire et occupe alors 2 séances de 45 minutes par semaine; il en occupe 4 aux trois degrés supérieurs. (dont 2 données par les élèves de l'école spéciale). Il occupe 4 séances de 45 minutes dans chacune des années de l'école normale primaire. Et comme une bonne partie de l'école normale primaire se recrute dans l'école élémentaire annexe et que l'école spéciale se recrute à son tour pour la plus large part dans l'école normale primaire, l'établissement constitue une sorte de séminaire de langues vivantes, où, sans interruption, pendant dix à douze ans, les futures professeurs sont soumises à un dressage lent et méthodique et où l'étude de la langue étrangère s'appuie sur une sérieuse culture générale et de solides principes pédagogiques. Les élèves sortantes sont nommées dans les lycées et les écoles normales; une des premières sorties a été appelée à la direction du lycée de La Plata.

Le gouvernement français s'est vivement intéressé à l'œuvre de l'école normale spéciale, si favorable à la propagation de notre langue. Le Ministre de France en Argentine assistait à la remise solennelle des premiers diplômes de professeurs de langues vivantes, et il avait été chargé de remettre à la fondatrice et à la directrice actuelle des décorations françaises.

Je garde de ma visite à l'école normale de langues vivantes de Buenos-Aires, où j'ai reçu l'accueil le plus délicat, un très vif souvenir. C'est une conception originale; et c'est une maison laborieuse, où se fait de bonne besogne, avec cette vivacité et cette liberté d'allure, cette simplicité de formes, si sympathiques dans l'école argentine.

Une école normale supérieure des professorats spéciaux

« L'Instituto superior de éducación física y manual », de Santiago du Chili, véritable école normale supérieure des professorats spéciaux, est une innovation extrêmement intéressante, qui n'a guère d'analogue en France que la section technique à l'Ecole Normale supérieure de Saint-Cloud.

Au moment où je l'ai visitée, en mai 1914, elle comprenait les sections suivantes : *éducation physique, travaux manuels, dessin et calligraphie, économie domestique, musique vocale* (sténo-dactylographie comme cours annexe) ; elle était dans sa neuvième année d'existence et les maîtres diplômés qui en étaient déjà sortis étaient pour un tiers environ en fonctions dans les écoles normales primaires et pour les deux tiers dans les lycées et collèges.

L'histoire de sa fondation vaut la peine

d'être contée ; elle a l'imprévu du roman, car elle nous montre la rencontre des pays situés aux antipodes, la Suède découverte par le Chili il y a trente ans, la gymnastique suédoise transportée au delà des Andes à l'époque où florissaient en France les bataillons scolaires ! — Or donc, autour de 1885, le Chili, sorti vainqueur de la récente guerre du Pacifique, enrichi des dépouilles des vaincus, Bolivie et Pérou, qui étaient contraints de céder les territoires miniers du Nord, voulant assurer définitivement sa suprématie, s'occupait de refondre son système scolaire.

Des Chiliens, fonctionnaires en mission ou riches particuliers, parcouraient l'Europe en quête de nouveautés pédagogiques et de modèles ; au cours de son voyage d'exploration, l'un d'eux s'éprit de la méthode suédoise de travail manuel, du *slojd*, et dès son retour dans sa patrie, non seulement il fit connaître sa découverte, mais il mit à la disposition du gouvernement une certaine somme d'argent pour envoyer un maître chilien apprendre sur place le *slojd*. C'est ainsi que partit en 1889, muni d'une bourse de quatre années, un jeune maître récemment sorti de l'école normale, avec mission d'étudier à fond les méthodes suédoises de travail manuel : c'était don Joaquin Cabezas, le fondateur et le directeur actuel de l' « Instituto superior » de Santiago.

Arrivé sur les lieux, notre jeune missionnaire s'aperçut qu'il n'y avait pas d'institut de travail manuel, pas de cours permanent, mais seulement chaque année, pour les maîtres déjà en fonctions, des cours de six semaines pendant les vacances. Que faire de chacune de ces quatre années scolaires en attendant les cours de vacances ? On lui conseille d'entrer à l'Institut Royal de Gymnastique à Stockholm et d'étudier là le système établi par Ling dès 1814 et devenu si célèbre depuis. C'est ce qu'il fit avec l'approbation de son gouvernement — et c'est ainsi qu'un enthousiaste du travail manuel fut le propagateur involontaire de la gymnastique.

L'envoyé du gouvernement chilien suivit donc les cours de l'Institut de gymnastique à Stockholm, et pendant les vacances ceux de travail manuel de Nääs, où la dernière année il fut même à son tour professeur.

Revenu dans son pays — après un court séjour à Bruxelles où il fit connaître par des conférences les méthodes suédoises — il fut d'abord professeur de travail manuel à l'École Normale d'Instituteurs de Santiago, puis professeur d'éducation physique à l'Institut national, le lycée le plus ancien et le plus renommé du Chili. En même temps il répandait les idées nouvelles par des conférences et par des cours de vacances ; son enthousiasme était communicatif : dès 1899 on ouvrait dix ateliers de *slojd* pour les écoles primaires ; en 1907, le travail manuel était rendu obligatoire pour les deux cours supérieurs des écoles primaires (onze à treize ans) et en 1912 pour les lycées et collèges. Partout la gymnastique suédoise remplaçait la gymnastique allemande.

Naturellement on se préoccupait d'assurer le recrutement du personnel pour ces disciplines nouvelles ou rénovées : en 1912, don Joaquin Cabezas était chargé d'une section d'éducation physique à l'Institut du professorat secondaire ; mais l'opinion publique réclamait davantage ; dans le message présidentiel de juin 1905 il était dit que le gouvernement « afin de stimuler l'initiative de la jeunesse et de la préparer au travail libre et rémunérateur » soumettrait à l'approbation du Congrès « dans le projet de budget pour 1906 l'idée de créer un Institut supérieur d'éducation physique et manuelle ». En mars 1906, l'Institut ouvrait ses portes, inauguré par le Ministre de l'Instruction publique, don Emiliano Figueroa. Le discours d'inauguration montre le succès officiel des théories nouvelles et il est d'ailleurs intéressant à plus d'un titre; en voici les passages saillants :

« Les temps sont passés où la grandeur des peuples se mesurait à l'ampleur des territoires et au nombre des habitants. Aujourd'hui on les juge d'après le nombre et la qualité de leurs maîtres et de leurs écoles. C'est pourquoi le gouvernement attache une importance capitale à ces cours, destinés à perfectionner et à moderniser les connaissances des maîtres et de ceux qui sont chargés de former les maîtres... Nous avons besoin, en matière d'éducation physique, de changer radicalement notre manière de voir en ce qui concerne la place que doit occuper cette discipline dans les programmes des divers établissements d'instruction publique. *La gymnastique n'est pas une matière subsidiaire, pas plus que ne le sont le dessin, les travaux manuels, l'économie domestique.* Il n'y a pas de raison pour assigner aux autres disciplines un rang prééminent, quand toutes concourent à l'œuvre de l'éducation générale.

« Le jour où tous les directeurs, proviseurs, professeurs seront convaincus de cette vérité, nous aurons une éducation physique digne de ce nom... Cet enseignement a jusqu'ici manqué de base parce qu'il n'a pas reposé sur les connaissances indispensables en anatomie, physiologie et hygiène appliquée. Ces études, si tant est qu'elles aient été faites incidemment dans d'autres matières, n'ont pas revêtu le caractère expérimental qui les aurait rendues vraiment utiles. Il est à noter, d'autre part, qu'il n'y a pas — à part dans deux ou trois établissements — de livres ou registres faisant foi de ce que l'élève a été soumis à un examen physique par un médecin ou par le professeur spécial, ni de ce que l'on apprécie de quelque autre manière les progrès réalisés par l'éducation physique.

« Je désire répéter ici ce que j'ai exprimé en une autre occasion : les conditions du travail, intellectuel ou matériel, sont à notre époque si dures que l'énergie physique diminue et met en péril la santé de l'individu... Et ce phénomène, qui est en lui-même de la plus haute et de la plus vitale importance, échappe à l'attention de beaucoup de nos éducateurs. Les chefs d'établissements dispensent les élèves de la classe de gymnastique pour n'importe quelle raison plus ou moins justifiée et ne secondent pas les professeurs spéciaux dans leur œuvre. Dans tel internat, les élèves se promènent à travers les cours dans un silence religieux, sans qu'il leur soit permis de jouer, ce qui incommoderait leurs supérieurs — ou bien, comme il est arrivé dans un internat de jeunes filles, parce que, au jugement de leurs maîtresses, il y aurait incompatibilité entre le caractère d'une demoiselle et ces jeux exubérants qui fortifient l'organisme, rendent la jeune fille plus apte à l'étude, plus capable de goûter les plaisirs simples et moraux. »

Après avoir parlé des méthodes nouvelles de dessin, le Ministre aborde le problème de l'*éducation ménagère*, parle des progrès réalisés par les pays scandinaves et de la nécessité de s'inspirer de ces modèles : « Le jour où toute école, où tout lycée destiné à l'éducation féminine possédera une cuisine modèle avec un petit laboratoire comme complément, et une maîtresse enthousiaste de sa mission, préparée scientifiquement et pratiquement, nous pourrons dire que nous commençons vraiment à réformer nos mœurs domestiques ; ce jour-là, nous aurons le droit d'espérer que l'organisation de la famille et les soins qui s'y rattachent pourront arriver à égaler ce qu'ils sont parmi les peuples dont l'exemple inspire le monde entier.

« Avant de terminer, je désire faire une recommandation aux directrices d'établissements scolaires. Les professeurs, dans une bonne intention, dénaturent en quelque sorte l'enseignement qui leur est confié et se consacrent à la confection d'objets qui peuvent peut-être exciter l'admiration par leur mérite artistique, mais ne répondent pas aux besoins de l'éducation générale que l'on doit avoir en vue. On comprend que l'exhibition de ces objets puisse servir de réclame pour le lycée devant les pères de famille et devant la société. Mais la mission du lycée est tout autre : il doit, dans une certaine mesure, faire l'éducation du père de famille et lui faire comprendre combien est plus utile un programme de travaux simples et méthodiques, comme celui qui a été adopté pour le cours qui commencera demain matin... »

On voit les idées directrices qui ont présidé à la fondation de l' « Instituto superior » ; la réaction contre l'intellectualisme exagéré en pédagogie, le souci de l'équilibre physique et moral, pour l'individu comme pour la société ; et c'est ainsi qu'aux disciplines primordiales, gymnastique et travaux manuels se sont agrégés : le dessin, comme guide du travail manuel ; l'économie domestique, travail féminin par excellence ; le chant enfin qui doit rythmer les exercices physiques et donner son rythme à la vie.

Toutes ces disciplines doivent agir de concert sur l'élève, pour produire une éducation harmonieuse. Mais dans l'Institut, elles constituent des sections séparées afin de préparer des spécialistes. Le chant fut introduit après coup, par transitions prudentes pour ne point donner ombrage à l'aîné jaloux, le Conservatoire national de Musique. Et maintenant l'Institut est à peu près complet, installé depuis 1910 dans la maison construite pour lui, bel édifice de façade sobre et élégante, où dès le seuil vous accueillent les chefs-d'œuvre de la statuaire antique qui exaltent la beauté du corps humain et la noblesse de l'effort physique, et où le très distingué directeur, toujours jeune, toujours enthousiaste, justement fier de l'œuvre menée à bien avec tant de persévérance, ouvre les portes toutes grandes au visiteur.

Le règlement et les programmes datent de juin 1912 ; comme l'Institut n'avait pas d'analogue et innovait en beaucoup de points, on a travaillé plusieurs années avant de lui donner sa forme définitive : ce n'est qu'en 1909 par exemple que l'on créa la chaire de psychologie et pédagogie, obligatoire pour tous les étudiants.

L'Institut comprend : des cours communs à toutes les sections et des programmes spéciaux pour chaque section. Les *cours com-*

muns sont : psychologie, pédagogie théorique et pratique, français, éducation civique et notions de législation scolaire. Le français a été imposé à tous les étudiants parce que, de l'avis du directeur, c'est la langue où se trouvent les ouvrages originaux ou les traductions les plus utiles et les plus modernes pour les matières étudiées dans les diverses sections de l'Institut ; on ne l'apprend pas pour le parler, mais pour le lire ; son étude se borne donc à la traduction.

Le programme de la section d'*éducation physique* se réclame de la méthode scientifique pure et repousse catégoriquement d'une part la méthode naturelle, d'autre part la méthode dite éclectique : — la première parce que si « les jeux sont d'excellents moyens d'éducation et doivent figurer dans le plan d'une leçon complète de gymnastique », ils sont insuffisants pour « atteindre la correction de la tenue et le développement harmonieux du corps » ; et la seconde, qui cherche à concilier l'empirisme et la science, il la repousse également « parce qu'en science il n'est pas possible d'accepter le plus ou le moins... le faire pour donner satisfaction à l'empirisme est une grave erreur, c'est fuir la vérité, qui n'est jamais éclectique ».

Cette section, dans son programme d'études de trois années, comprend : anatomie, physiologie, hygiène, mécanique du mouvement, gymnastique théorique et pratique, pédagogie et méthodologie particulières de la matière. Quelques exemples précis, pris dans le programme détaillé, montreront la méthode suivie.

Première année. — Anatomie appliquée : I. Introduction ; rapides considérations sur le cours et son importance pour le professeur d'éducation physique. Coup d'œil sur les tissus du corps humain. — II. Ostéologie ; points d'appui de nos mouvements ; le squelette en général. Plans d'orientation. Os, leurs formes, classification. Division du squelette. Le squelette au point de vue physiologique. Croissance et développement des os. Influence de l'exercice physique sur le squelette. Le crâne, sa forme générale, les os qui le composent. Considérations générales sur le crâne et son développement. Squelette du tronc : colonne vertébrale, côtes, sternum. Thorax :

description générale, forme normale. Différences sexuelles. Déformations de la colonne vertébrale et du thorax ; ses causes et ses conséquences. Squelette de l'extrémité supérieure... de l'extrémité inférieure... Etude comparative de la région thoracique et de la région pelvienne chez l'homme et chez les oiseaux... — III. Syndesmologie (articulations)... — IV. Myologie...

Seconde année. — Physiologie et hygiène appliquée... C. Modifications du système musculaire : Physiologie générale du muscle. Ses propriétés. Utilité d'un développement musculaire modéré. Danger d'un développement exagéré. Les athlètes. Harmonie du système musculaire. Étapes diverses du développement musculaire. Avantages de la gymnastique générale. Loi du développement musculaire. Influence de l'intensité des contractions sur la grosseur des muscles. Système Sandow. Rupture musculaire due aux contractions excessives. Influence de l'amplitude des mouvements sur la nutrition du muscle. Adaptation du muscle au genre de travail qu'on lui fait exécuter. Loi de Marey. Exercices de force, exercices de vélocité. Structure comparée des animaux rapides et des animaux lents et forts. Influence de la durée de contraction ; loi du rythme. La fatigue et l'entraînement — Les différentes parties de ce programme de physiologie et d'hygiène dont nous venons de donner le détail pour le titre C seulement, sont : *a*) l'influence des mouvements sur la forme du corps ; *b*) les modifications du squelette ; *c*) les modifications du système musculaire ; *d*) les épaules ; *e*) développement ou amplification de la cage thoracique ; *f*) solidité des parois abdominales ; *g*) éducation des centres nerveux : coordination des mouvements ; *h*) influence psychologique et morale de l'exercice physique ; *i*) mesure des résultats obtenus par l'exercice physique et matériel d'expérimentation.

J'ai visité le laboratoire d'expérimentation auquel il est fait allusion dans ce dernier point ; la plupart des appareils sont ceux du Dr Démeny. Chaque étudiant ou étudiante a son dossier physique, qui reste constamment sous la garde du directeur ; tous les trimestres ont lieu de nouvelles mensurations ; les profils de la colonne vertébrale, les contours de la cage thoracique sont découpés dans du papier et les profils superposés donnent une vue exacte de l'évolution individuelle. Voici, par exemple, les fiches comparées d'un étudiant de dix-neuf ans d'une promotion déjà sortie :

	Juin 1910	Mars 1911	Déc. 1912
	—	—	—
Poids.	64 k.,5	67,4	68
Capacité thoracique	3 l.,5	4,2	4,7
Effort au dynamomètre :			
Main droite.	35 k.	44	44
Main gauche	32	38	38

J'ai assisté à une classe d'anatomie de première année. Le professeur — qui enseigne aussi à la Faculté de Médecine — décrivait le fémur avec beaucoup de détail en dessinant au tableau avec une netteté fort remarquable les saillies ou rainures ; la leçon n'était pas ostéologie pure, les détails n'étaient donnés qu'autant qu'ils éclairaient l'étude prochaine de l'articulation et de la musculature et à chaque point d'insertion on avait déjà une première idée du mécanisme des mouvements. La classe était suivie avec beaucoup d'attention.

J'ai assisté également à une classe de mécanisme du mouvement, cours professé par le directeur. Elle était illustrée par des projections lumineuses d'un appareil épidioscopique, de même principe quoique d'une autre marque que celui que j'avais noté à l'école des Hautes-Études commerciales de Montréal (Canada), appareil qui permet de projeter sur la toile de fond l'image d'objets concrets, ou une carte postale ou bien encore les illustrations d'un ouvrage ; la leçon fut aussi accompagnée de projections cinématographiques prises au dernier congrès de culture physique à Paris, en 1913. Enseignement moderne d'inspiration et de moyens.

L'enseignement pratique de l'éducation physique comprend des classes quotidiennes de gymnastique, la pratique des jeux scolaires, des marches en campagne. L'Institut contient non seulement une vaste salle de gymnastique, mais une piscine pour la natation, des salles de douches et une salle d'instruments orthopédiques de mécanothérapie et kinésithérapie à moteur électrique.

La section des *travaux manuels* comprend aussi trois années d'études. D'après la méthode de Nääs, les cours commencent par la confection d'objets simples ; le directeur tient beaucoup à ce principe et critique les programmes français, qu'il a dernièrement étudiés dans une école primaire supérieure de la ville de Paris, et où il trouve encore « trop de restes des tendances abstraites de Salicis ». — Le programme de première année est divisé en trois parties : travail du bois, dessin industriel, cours théorique ; on lit parmi les sujets traités dans ce dernier cours : raison d'être des travaux manuels au Chili ; différents systèmes : économique ou industriel, éducatif ou mixte et leur objet ; le maître, la méthode, l'enfant à l'atelier ; classe de travail manuel sans atelier : jeu et travail.

La section de *dessin et calligraphie*, de trois années également, veut suivre la méthode dite naturelle qui s'inspire de premiers essais spontanés de l'enfant et prend pour modèle la Kunst Schule de Berlin. La progression des sujets d'étude en première année est la suivante : dessin spontané, dessin de mémoire, copie d'après nature, exercices en couleurs, dessin d'ornement, étude de la perspective ; les ombres ; les travaux à la maison ; les concours.

L'*économie domestique* (de trois années) est encore en partie entre les mains de maîtresses venues de Suède. Dans les classes pratiques, professeur et étudiantes portent la coiffe nationale des ménagères suédoises et j'ai pu voir cet emblème de l'imitation lointaine jusque dans un lycée de jeunes filles d'une province reculée du nord. Les programmes sont une adaptation de ceux de l'École ménagère d'Upsal. Hygiène : Idée générale du corps humain ; assimilation, circulation ; respiration ; digestion ; désassimilation ; élimination ; hygiène de l'habitation ; hygiène du vêtemeut ; hygiène spéciale de l'individu dans les divers âges et les conditions diverses ; première aide en cas d'accident, les empoisonnements, — chimie et hygiène de l'alimentation. — Études théoriques et pratiques de la cuisine et de la conduite du ménage. — Pédagogie spéciale et méthodologie.

Pour les exercices pratiques, les étudiantes se divisent en groupes de quatre, qui constituent pour ainsi dire des « familles ». Chaque « famille » possède ses ustensiles de ménage dans la grande salle consacrée à ces travaux.

D'un côté est le canton des fourneaux (importés directement de Suède, comme j'ai pu m'en assurer); chaque fourneau est double et se partage entre deux groupes qui se font vis-à-vis; l'autre moitié de la salle contient les petites tables carrées, avec leurs quatre chaises; et à chaque table correspond au mur un dressoir. Le menu, raisonné chimiquement et économiquement, est inscrit au tableau; chaque groupe prépare son repas en se répartissant la besogne; le repas pris, tout est remis en ordre, ustensiles et salle, car il n'y a pas de personnel domestique.

Section de *musique vocale* (deux années). Le cours, formé récemment, est encore dans la phase d'organisation; il a peu d'élèves; je n'en ai vu que sept au cours que j'ai visité. Le chant s'étudie avec des méthodes italiennes (Gustavo Magrini, Curso completo de musica vocale ad uso delle Scuole normali).

Les élèves sont tous externes et l'enseignement est gratuit. L'année scolaire commence le 11 mars et finit le 10 janvier (dates imposées par les saisons de l'hémisphère austral.) La plupart des classes ont lieu de sept à neuf heures du matin et de quatre à sept heures du soir. La raison de cet horaire, un peu surprenant au premier abord, c'est qu'ici, comme dans beaucoup de pays des Amériques, l'enseignement supérieur s'adresse à des jeunes gens ou des jeunes filles qui travaillent ailleurs, soit comme instituteurs déjà en fonctions, soit comme employés de bureau, soit encore comme étudiants dans une autre grande école.

Pour être admis à suivre les cours, il faut avoir plus de dix-sept et moins de trente-cinq ans, avoir fait des études au lycée jusqu'à la cinquième année incluse (le lycée complet a six années) ou bien sortir diplômé d'une école normale primaire. En règle générale, les étudiants et étudiantes sont à peu près par moitié anciens élèves de lycée et anciens élèves de l'école normale primaire.

Dans chaque section, dans chaque cours, les professeurs doivent donner deux fois par mois des notes individuelles — j'ai assisté aux interrogations écrites des cours d'économie domestique et d'éducation physique — et à la fin de l'année les élèves dont la moyenne est inférieure à 8 sur 10, sont soumis à un examen de passage, où ils doivent obtenir la moyenne dans chaque matière, faute de quoi ils ont à redoubler. Nul n'est admis à suivre plus de deux fois le même cours. A la fin de la troisième année, les étudiants présentent un mémoire écrit sur des questions proposées par le professeur. A la suite d'un examen final, théorique et pratique, les étudiants qui ont satisfait aux conditions requises dans les diverses matières de leur section reçoivent un diplôme de l'Institut.

En 1914, au moment de mon passage, l'Institut comprenait 280 élèves : sur ce nombre, un tiers (96) étaient des étudiants ; les deux tiers étaient des étudiantes — en partie instituteurs et institutrices de la capitale, étudiants et étudiantes de l'Université ou de l'Ecole normale supérieure de l'enseignement secondaire, ou encore clercs d'avocats dans la ville. La section d'éducation physique était de beaucoup la plus nombreuse.

Mais l'Institut ne veut pas se borner à former des professeurs spéciaux : selon la formule américaine du nord, très en vogue au Chili actuellement, il veut être un *centre social*, exercer une action directe et constante sur l'opinion publique, grouper et coordonner les efforts favorables au développement physique, à l'activité pratique, se faire le grand centre de l'action pour l'éducation complète, contre l'intellectualisme traditionnel. Et il met à la disposition du grand public la salle des instruments orthopédiques. Et il ouvre des cours de sténo-dactylographie d'une année au grand public également, et l'on y voit affluer des employés de commerce, des avocats connus, des étudiants. Il se fait le quartier général des boys-scouts et j'ai assisté là à une fête intime qui était comme la répétition générale de la grande fête publique donnée le lendemain par les boys-scouts, le 21 mai, jour anniversaire du combat naval d'Iquique, en l'honneur du héros chilien Arturo Prat.

Dans la plupart des établissements d'instruction publique que j'ai visités, j'ai pu voir les résultats de l'œuvre entreprise à l'Institut : partout la gymnastique suédoise (dans quelques lycées sous la direction immédiate de maîtres suédois) ; à l'école normale d'institutrices comme au lycée de jeunes filles, des classes d'économie domestique : exercices pratiques d'achat et de vente de denrées alimentaires, établissement raisonné de menus, préparation de repas ; dans les écoles primaires, même dans une province fort excentrique, la régénération de l'industrie indigène et indienne des tissus aux dessins archaïques et ingénieux.

... Dans le cabinet du directeur de l'Institut, un grand tableau, au-dessus du bureau directorial, représente un lac étrangement lumineux sous le soleil arctique du Norland et sur ses bords un renne, debout, tendu, scrutant l'horizon et la masse sombre des forêts de sapins. Le renne lapon au pays du huemul austral, quelle étrange aventure ! Mais aussi quelle leçon ! Tout un peuple, avide de progrès, connaissant ses propres faiblesses, appelant sans fausse honte l'aide étrangère, en quête des meilleures idées et des expériences les plus concluantes. Et un homme ayant assumé la tâche d'implanter dans son pays une réforme salutaire, assez énergique et assez heureux pour la mener à bien après vingt ans d'efforts. En vérité, l'œuvre de don Joaquin Cabezas est en soi une *object lesson*, la preuve tangible de ce que peut la culture physique et pratique pour tremper les caractères.

APPENDICE. — *El Instituto nacional superior de Educación física, à Buenos-Aires.* — Parlant de l'éducation physique dans l'Amérique du Sud, il serait injuste de ne pas mentionner l'Institut de Buenos-Aires. Il n'a pas l'ampleur de celui de Santiago de Chili puisqu'il ne comprend que la section d'éducation physique. Mais cette section est organisée d'une manière scientifique et complète.

Dès 1902, on avait établi dans la capitale argentine des cours de vacances temporaires d'éducation physique à l'usage des instituteurs; quelques-uns furent déclarés permanents en 1903 ; en 1905, ils étaient réunis sous le nom de Cours normal d'Education physique, qui fut élevé en 1908 au rang d'Ecole normale. En 1912, cette école est devenue Institut national supérieur et actuellement, en 1914, elle s'installe dans son nouveau local — non construit pour elle, il est vrai — mais que l'on est occupé à transformer pour l'adapter à ses besoins.

Elle a pour directeur don Enrique Romero Brest, docteur en médecine, qui fut en 1913 le délégué du gouvernement argentin au Congrès international de culture physique à Paris.

Il est assisté de dix professeurs. Les cours durent deux ans ; ils ont lieu le soir, de cinq heures à sept heures et demie, à raison de neuf heures par semaine pour chaque étudiant. Il y avait à mon passage, en avril 1914, 140 inscrits, 120 jeunes filles, 20 jeunes gens, les uns et les autres maîtres dans les écoles primaires de la capitale. Je n'ai pas pu assister à des cours. Le jour de ma visite, il pleuvait à torrents, c'était l'époque des inondations qui ont dévasté l'Argentine et l'assistance était très réduite, les cours pratiquement interrompus ; j'ai du moins visité le laboratoire de psychologie et de physiologie, vu les graphiques obtenus par les élèves dans leur étude de la circulation et de la respiration et les recueils de tests, feuilleté les travaux écrits d'après les observations de laboratoire et il m'a paru que l'enseignement s'inspirait des méthodes modernes et scientifiques.

Chaque année sortent de l'Institut de 30 à 50 professeurs diplômés d'éducation physique, qui enseignent ensuite dans les écoles normales ou les lycées.

Écoles normales supérieures sud-américaines

« ... Et surtout, ne manquez pas d'aller voir notre Instituto Pedagógico », me répétait encore le recteur sur le seuil de l'Université. Il me suffisait, pour cela, de redescendre l'Alameda de las Delicias, la belle avenue qui, sur huit kilomètres, d'un bout à l'autre de Santiago, aligne ses allées de chênes, ses jardins anglais et son peuple de statues. En ce matin de mai, automne austral, l'air était doux, léger, impalpable ; sous les ombrages passaient les silhouettes fines et gracieuses des Chiliennes drapées dans leur mante noire. Et quel décor ! au levant, au bout de l'avenue, les cimes des Andes étincelantes sous leur parure de neige nouvelle ; à l'autre bout, la masse sombre de la Cordillère du Pacifique ; le long de l'Alameda, quelques façades coquettes, des palacios sévères, la fastueuse Université catholique. Enfin voici San Miguel, l'église basse et trapue, à l'épreuve des tremblements de terre, et, tout à côté, l'édifice sévère et bien pédagogique de l'Instituto, pépinière des professeurs de l'enseignement secondaire au Chili.

« Plus qu'à tout autre établissement, notre Institut ressemble à l'ancienne École Normale supérieure de Paris », m'avait dit le recteur ; mais, à mon grand étonnement, dès l'entrée, ce sont des professeurs allemands qui me reçoivent. Car c'est aux Allemands que le Chili s'est adressé, il y a quelque vingt-cinq ans, pour fonder cette école, comme d'ailleurs pour réorganiser toutes ses écoles et son armée. Idée française, exécution allemande, en milieu chilien : ordre composite, s'il en fut. Mais l'Instituto est plus qu'une simple curiosité pédagogique ; son influence est considérable et dépasse de beaucoup les frontières du Chili ; ses élèves sont appelés, pour réformer l'enseignement, dans d'autres Etats latins : Paraguay, Bolivie et jusqu'au Centre-Amérique ; son exemple a inspiré sans aucun doute l'Argentine quand elle a créé, il y a une dizaine d'années, avec un personnel allemand, elle aussi, l'Institut national du professorat secondaire.

J'avais déjà visité, quelques semaines auparavant, l'Institut argentin et il m'a paru que ces deux établissements similaires, celui de Buenos-Aires comme celui de Santiago, méritaient une étude approfondie. Car s'il est bien vrai qu'ils doivent leur existence à des conditions locales, spécifiquement sud-américaines (difficulté de recrutement du professorat secondaire), leur fondation, leur organisation posent des problèmes d'ordre général et d'intérêt immédiat : — leur histoire montre jusqu'à quel point peut s'établir, dans l'Amérique du Sud, une influence étrangère officielle ; — leur organisation présente une formule germano-américaine d'école normale supérieure, qui a pour nous plus qu'un intérêt rétrospectif, si l'on pense que la préparation professionnelle de notre personnel secondaire n'a peut-être pas reçu sa solution définitive. Et enfin, en ce moment où les rapports entre la France et les États latins d'Amérique se refont plus étroits et plus efficaces, une étude de ce genre peut contribuer à renseigner sur quelques-uns de ces Etats et sur certains aspects de leur vie universitaire.

« Les programmes ne sont rien, c'est l'enseignement seul qui compte ; tout réside dans les méthodes et dans les hommes ; la question de l'éducation est essentiellement la question du professorat. » Ces paroles du ministre de l'Instruction publique argentin, Dr Joaquin V. González, dans son commentaire des programmes du 4 mars 1905, sont vraies sans doute en tout pays et pour toute éducation ; elles prennent une signification inquiétante quand on considère l'état du professorat secondaire dans quelques pays sud-américains.

En 1902, en Argentine, d'après un rapport officiel [1], parmi les 509 professeurs des collèges nationaux, il y en avait 152 (près de 30 p. 100) sans aucun titre ; en 1908, d'après le recensement, sur 835 professeurs, le nombre des maîtres sans titres s'élevait à 298 (35 p. 100). Au Chili la situation est moins grave, mais le problème existe, comme le prouve la résolution votée à l'unanimité par l'Association d'éducation nationale de

[1] *Enseñanza secundaria y normal, informe presentado por el inspector general Pr. Pablo A. Pizzurno*, Buenos-Aires, 1902.

Santiago, le 8 septembre 1912 : « La situation actuelle et l'avenir du pays exigent impérieusement que l'on trouve une solution à la crise où se trouve notre enseignement secondaire par suite du manque de maîtres... »

L'enseignement secondaire, en Argentine comme au Chili, n'a pas de maîtres compétents en nombre suffisant. La raison est avant tout d'ordre économique. Dans les pays jeunes, à développement rapide, de peuplement médiocre, l'homme est sollicité par l'entreprise libre, le risque, la spéculation, l'effort vers le gain rapide. La carrière professorale, avec son austérité, son labeur lent et soutenu, ses perspectives limitées, ne l'attire guère.

Puis le gain large fait la vie chère ; et peu de pays dotent leurs fonctionnaires aussi libéralement que le Brésil, qui attribue au président du Conseil supérieur de l'enseignement une annuité de 33.000 francs [1] et aux instituteurs directeurs d'école primaire un traitement de 11.000 francs [2].

Le Chili paie encore ses professeurs secon-

[1] *Loi Rivadavia*, annexe à l'art. 131.
[2] *Loi Bento Ribeira*, 20 octobre 1911.

daires d'après le nombre d'heures données par semaine (210 francs par heure et par an) et leur interdit de donner plus de trente heures (décret du 30 juin 1896), de sorte que le maximum de traitement, acquis au prix d'un labeur considérable, est, pour cinq ou six privilégiés, un peu plus de 6.000 francs, ce qui est peu au Chili.

En Argentine, le maximum (atteint par cinq professeurs, en 1911) est de 720 piastres par mois (soit 1.580 francs) ; mais la vie est extrêmement coûteuse et « cette somme ne peut être un stimulant pour un esprit plus que médiocre », écrit un professeur qui devint peu après directeur de l'enseignement secondaire [1]. Cette appréciation, qui peut surprendre, donne pourtant la note juste du taux de la vie et des ambitions dans la capitale argentine. Et ainsi, des traitements, qui nous paraissent élevés, ne constituent pas un attrait pour la jeunesse studieuse.

D'ailleurs l'enseignement supérieur n'est pas orienté vers les études théoriques, désin-

[1] Lettre du Dr Manuel Bahia, dans *Los Cursos del profesorado*, de Wilhelm Keiper, Buenos-Aires 1911.

téressées ; les Universités sud-américaines n'ont pas de faculté des sciences, au sens européen du mot, et très peu de facultés des lettres ; elle se proposent avant tout de former pour le pays des médecins, des avocats, des ingénieurs. Le Brésil, par exemple, possède les cinq facultés fédérales suivantes : les deux écoles de médecine de Rio et de Bahia ; les deux écoles de droit de Saint-Paul et de Pernambouc ; et l'école dite « polytechnique » de Rio pour les ingénieurs.

De même l'Université nationale du Chili à Santiago se compose d'une école de droit, d'une école de médecine et d'une école de « mathématiques » qui, en réalité, est surtout une école d'application des sciences, à trois sections : « agrimensores », ingénieurs civils, ingénieurs des mines ; la faculté d' « humanités supérieures », qu'annonçait la loi organique du 9 janvier 1879, n'a pas encore été créée.

L'Argentine commence à créer un enseignement supérieur de culture générale. L'Université de la Plata, fondée en 1905, a ménagé dans son école de droit une section d'histoire et de philosophie qui deviendra sous peu une sorte de faculté des lettres ; et, à l'Université nationale de Buenos-Aires, la faculté de « philosophie et lettres », tant de fois créée sur le papier au cours du XIXe siècle, est devenue une réalité en 1895. Mais les étudiants se dirigent bien peu encore de ce côté. D'après la dernière statistique parue [1], sur 5.142 inscrits, 2.858 étudient la médecine, 1.018 les « sciences exactes » (ingénieurs), 909 le droit, 238 l'agronomie, et enfin 125 (soit 2 p. 100) la philosophie et les lettres.

Ainsi, sauf de rares et d'ailleurs très brillantes exceptions, il n'y a pas d'études supérieures désintéressées ; pays de pionniers, de défricheurs, de bâtisseurs de villes, les États du Sud-Amérique ont besoin d'hommes d'action, de techniciens ; ils se contentent de l'outillage le plus simple et le plus robuste de la civilisation. Sans doute, parmi eux, de grands esprits se forment isolément par l'étude et par les voyages ; mais pour la collectivité le temps de la méditation viendra

[1] *Revista de la Universidad de Buenos-Aires*, novembre 1913.

plus tard, quand il n'y aura plus, à l'intérieur des frontières, de territoires à découvrir et à conquérir. Et cela serait fort bien, s'il n'y avait pas les jeunes générations à élever et si, pour cette tâche, il n'était pas nécessaire de former en grand nombre des hommes d'étude, tout autant que des hommes d'action.

Dans ces conditions, qu'ont été autrefois — avant la création des écoles normales supérieures — que sont encore en partie aujourd'hui les professeurs de collège? Reprenons la statistique argentine de 1902 : nous voyons que, sur 509 professeurs, parmi ceux qui possèdent un titre quelconque, il y a 47 instituteurs, 79 professeurs d'école normale primaire, 18 diplômés étrangers, et enfin une majorité de 207 diplômés universitaires ; et si nous suivons de plus près encore la statistique, nous voyons que ces derniers sont en réalité des médecins, avocats, ingénieurs, pharmaciens, vétérinaires qui, en dehors de leur profession, viennent donner quelques heures de cours au collège de la ville. Etant donné l'organisation de l'enseignement supérieur, on comprend que cette solution se soit imposée dans la question du professorat ; elle a d'ailleurs des apparences extrêmement séduisantes, l'élite intellectuelle appelée à l'éducation de la jeunesse ; une relation étroite établie entre l'école et la vie ; l'enseignement abordé sans idée préconçue, sans formule vaine, par des hommes mûris au contact des hommes, habitués à l'observation et à l'expérience... Et il faut reconnaître que, parmi les personnalités les plus éminentes de l'instruction publique en divers états, beaucoup sont venues ainsi à l'enseignement des professions les plus diverses.

Mais, dans la généralité des cas, un conflit s'établit rapidement entre la profession dominante et l' « à-côté » pédagogique : « L'avocat qui se sait attendu par sa clientèle dans son cabinet d'affaires, le pharmacien qui fait tout son possible pour qu'on ne s'aperçoive pas qu'il s'absente de sa pharmacie, le médecin qui peut être appelé à chaque instant auprès d'un malade, l'employé qui concilie difficilement son emploi du temps avec ses heures de bureau, vont à leurs cours préoccupés, nerveux, à la hâte, pensant avoir fait tout leur devoir s'ils n'arrivent pas en retard ; ils font leur classe souvent distraitement et sans l'attention voulue et il n'est pas rare de les voir sortir du collège au pas accéléré, suivis jusqu'à la porte de la rue par de malheureux élèves qui demandent en vain, tantôt une note meilleure, tantôt la suppression d'une punition, tantôt encore des conseils sur leurs études [1]. »

Et surtout, il y a la politique. Il y aurait un tableau intéressant à tracer des efforts faits par les démocraties sud-américaines pour mettre leur enseignement public à l'abri de la politique. Le Brésil, par exemple, a fait de l'inamovibilité du professeur secondaire et supérieur une espèce de dogme intangible. Le professeur est nommé par le gouvernement, mais sur une liste de trois noms établie par la « congregação », le conseil des professeurs de l'établissement ; c'est devant ce conseil que les candidats à la chaire font valoir leurs titres et leurs travaux, et si le conseil se met d'accord à l'unanimité sur le nom d'un candidat, il pré-

[1] Dr Wilhelm Keiper, *la Cuestion del profesorado secundario*, 2e éd., Buenos-Aires 1911, p. 28.

sente ce nom unique à l'approbation gouvernementale[1] ; le directeur même de l'établissement est élu (pour deux ans) par la congregação (art. 21).

Au Chili, la loi organique de 1879 a placé l'enseignement secondaire sous l'autorité du Conseil supérieur de l'instruction publique, présidé par le recteur de l'Université, lequel présente au gouvernement une liste de trois noms pour toute nomination dans les lycées nationaux (art. 35). Il est vrai que toute une partie de l'enseignement secondaire (les écoles spéciales) est mise sous l'autorité directe du ministère et se trouve beaucoup plus sujette aux fluctuations de la politique.

L'Argentine a constitué, mais seulement pour l'enseignement primaire fédéral (écoles de Buenos-Aires, des territoires et écoles provinciales de la loi Lainez), un Conseil national d'enseignement (loi de 1884) ; ses membres sont, il est vrai, nommés par le gouvernement, mais pour une période déterminée, et il avait joui, jusqu'aux derniers événements de mai 1913, d'une assez grande

[1] *Loi Rivadavia*, du 5 avril 1911, art. 36.

indépendance. Pour l'enseignement secondaire, à part une tentative malheureuse pour créer en 1911-1913 une Direction de l'enseignement autonome, rien n'a été fait encore dans ce sens et la politique est ici toute-puissante.

Dans le rapport, déjà cité, de l'inspecteur général pour l'année 1901-1902, on lit (p. 16) ; « Une grande partie de nos professeurs sont des maîtres d'occasion, nommés non pour leurs titres, mais pour leurs services politiques. » Le ministre de l'Instruction publique écrit dans le 3e considérant de la loi du 16 décembre 1914 ; « Etant évident que le relâchement et la décadence des études dans les établissements nationaux secondaires ont été causés à certaines époques par la légèreté et l'insouciance avec lesquelles on a pourvu aux vacances des chaires, qui ont été considérées comme de simples emplois ou comme des suppléments de revenus, bien plutôt que comme un noble ministère social et patriotique... » Le rapport ministériel de 1912 affirme que « la raison de la situation de l'enseignement secondaire est enfin..., il faut le confesser, la pratique néfaste qui consiste à considérer les postes du professorat comme le salaire de services politiques » ; et au Congrès national de l'enseignement secondaire réuni à Córdoba en février 1913 par les soins du gouvernement, un rapporteur s'écriait : « La politique a peuplé nos établissements d'éléments incapables[1]. »

Les nominations (il s'agit toujours de l'Argentine) se font par « chaires », comprenant chacune l'enseignement d'une seule matière, — en théorie la spécialité particulière du professeur nommé ; mais, dit le rapport de l'inspecteur général pour 1901-1902, « les chaires ont été subdivisées à l'infini pour faire plaisir à un plus grand nombre d'amis ». Toutes les chaires ont un traitement uniforme : 170 piastres (de 2 fr. 20) par mois, pour les enseignements principaux, mais elles comprennent un nombre d'heures fort inégal, selon les nécessités du service sans doute, mais aussi, on le comprend, selon les personnes. En 1904, le corps enseignant du « Seminario » éphémère se plaignait du système de chaires « qui impose, avec un trai-

[1] *Primera Asemblea de segunda enseñanza, Ministerio de Justicia y Instrucción pública*, B.-A. 1912, p. 205.

tement uniforme, de deux à six heures de classe[1] ». Autre inégalité : un même maître se voit confier deux, trois ou quatre chaires, dans plusieurs établissements ou dans un seul; ce dernier cas constitue la faveur la plus grande, car elle épargne à l'heureux possesseur de multiples chaires les courses effrénées à travers l'immense capitale. Mais ces faveurs sont instables ; aux élections, aux changements de président ou de ministère, ont lieu des coupes sombres ; aux temps où l'argent se fait rare, on « exonère » — le mot est joli — les professeurs, comme les autres fonctionnaires, de tel ou tel de leurs emplois, et de leur traitement. Ou encore, pour avoir d'un coup un grand nombre de poste à pourvoir, on supprime un établissement, puis on le rétablit sous un autre nom le lendemain avec un personnel tout nouveau.

Les conséquences de ce régime argentin sont fâcheuses : il y a trop de maîtres, puisque les enseignements sont répartis entre tant de chaires ; en 1913 il y avait, dans les 28 collèges dépendant du Ministère, 6.692 élèves

[1] *Nota dirigida al Ministerio*, 25 octobre 1904.

inscrits, 924 professeurs (un professeur pour 7 élèves en moyenne); le Collège de Jujuy, avec 48 élèves, a 19 professeurs; dans la capitale, le lycée Dolorès, avec 137 élèves, a 34 professeurs.

Chaque professeur a trop d'occupations divergentes; on a déjà vu une allusion à ce fait dans la citation empruntée au Dr Keiper; je me bornerai à ajouter ici un seul exemple, emprunté à la liste des collaborateurs appelés à rédiger les nouveaux programmes[1]. O. C., docteur en *droit*, est à la fois professeur de *littérature* à la faculté de philosophie et lettres, à l'école normale de deuxième degré des institutrices no 1, et à l'établissement similaire no 3, à l'institut libre d'enseignement secondaire, à l'institut national du professorat, au collège national de Buenos-Aires, et professeur de grammaire au collège national Faustino Sarmiento. C'est vraiment beaucoup pour un seul professeur!

Peut-on s'étonner dès lors si le service est fait parfois d'une manière irrégulière et si l'administration semble s'y résigner comme

[1] *La enseñanza secundaria, programas analiticos*, B.-A. 1913.

à un mal inéluctable? Les statistiques enregistrent patiemment les classes faites, les classes manquées (celles de l'Université ajoutent la rubrique suggestives des classes non faites faute d'élèves) et établissent des pourcentages comparés. On lit ainsi, dans le rapport sur le Collège central de Buenos-Aires en 1912, à propos d'une chaire de morale : classes faites 87, absences justifiées 13, non justifiées 17. D'après les règlements, les professeurs peuvent manquer à 20 p. 100 de leurs classes sans s'exposer à des mesures disciplinaires.

D'autre part cette dispersion des efforts de chacun et cette multiplication des chaires font que l'action d'un maître reste trop isolée : il n'y a pas assez de corrélation entre les efforts de tous pour former dans le collège une atmosphère éducative ; un haut fonctionnaire, qui dirigea un temps l'enseignement secondaire de l'Argentine, me contait que deux professeurs se rencontrèrent un jour dans son cabinet, qui ne se connaissaient pas même de vue et qu'il dut présenter l'un à l'autre : ils appartenaient depuis dix ans au même établissement.

Et ainsi les membres de ce corps enseignant s'ignorent, ou plutôt il n'existe pas à proprement parler de corps enseignant secondaire. A deux ou trois reprises, les chefs de service ont voulu établir une solidarité intellectuelle entre les professeurs de collège : l'inspecteur général Pablo Pizzurno inspira la loi du 30 octobre 1901, qui établissait des conférences « annuelles », et la première du moins eut lieu, le 14 février 1902. L'idée a été reprise, dix ans plus tard, par le décret du 15 décembre 1911 qui institue des conférences « bisannuelles ». La première s'est tenue à Córdoba — comme on l'a vu plus haut — le 16 février 1913... La formation d'un vigoureux esprit de corps donnerait, entre autres choses, à l'évolution de l'enseignement secondaire une continuité qui lui a manqué jusqu'ici. Les premiers mots du directeur de l'enseignement, en ouvrant le Congrès de Córdoba, furent justement : « Notre enseignement secondaire s'est caractérisé par une instabilité notoire et lamentable. » Vérité incontestable, si l'on songe que depuis les premiers plans d'études, ceux du Dr E. Costa, du 14 mars 1863, jusqu'à ceux de 1913, en cinquante ans, l'organisation des collèges, leurs programmes ont été transformés totalement dix-huit fois.

Et à voir cette ardeur réformatrice, qui n'atteint pas le mal véritable, le mot du Dr González prend une valeur singulière : les programmes ne sont rien... la question de l'éducation est essentiellement une question du professorat.

L'Argentine a été probablement la première à formuler un plan systématique pour la préparation du professorat secondaire; dès 1865, sous la présidence du général Mitre, la « Commission des Cinq » fut chargée d'examiner la question et le célèbre recteur du Collège national à Buenos-Aires, Amadeo Jacques, établit un projet très pratique et très étudié, qui malheureusement ne fut pas mis à exécution. Mais c'est le Chili qui donna au problème la première solution effective, sous la présidence de son grand homme d'État, Balmaceda (1886-1891). L'Institut chilien va célébrer dans quelques mois le vingt-cinquième anniversaire de sa fondation et il projette d'éditer à cette occasion une publication historique officielle sur ses débuts. A son défaut, je suivrai le récit paru dans le « *Bosquejo de la Instruccion publica en Chile* », publié par le sous-secrétaire au Ministère de l'Instruction publique, Don Moises Vergará [1], en le complétant à l'occasion par les indications que me donnèrent le recteur de l'Université et les professeurs allemands de l'Instituto.

En 1886, Pedro Montt, ministre de l'Instruction publique, faisait approuver par le Conseil de l'Instruction publique un projet, qu'il soumettait l'année suivante à la commission du budget, en spécifiant expressément qu'il s'agissait de fonder une institution analogue à l'École Normale supérieure de Paris. « Il y avait alors au Chili, raconte le Bosquejo, de retour de l'étranger, un homme de rare valeur, Don Valentin Letelier, qui avait occupé à Berlin le poste de secrétaire de notre légation et qui, rompant avec la tradition diplomatique, avait mis à profit les facilités que lui donnait sa fonction pour étudier à fond le mécanisme et les principes de l'instruction publique en

[1] Santiago, 1908; pp. 167-205.

Allemagne. » Valentin Letelier, qui est devenu depuis une des plus grandes autorités du Chili en matière d'enseignement et qui a fait paraître il y a deux ans à peine une nouvelle édition de sa grande œuvre « Philosophie de l'Éducation », venait de publier à Santiago en 1885 deux brochures : « Les écoles de Berlin », « L'Instruction secondaire et l'instruction universitaire à Berlin ». Ce fut lui que l'on chargea de rédiger un plan détaillé pour le nouvel établissement. « Don Valentin Letelier, comme Pedro Montt, faisait partie du petit groupe de Chiliens qui, par les voyages et la lecture, connaissaient et admiraient les progrès extraordinaires réalisés alors par la grande nation germanique dans tous les ordres et sa prodigieuse activité. En mai 1888, le représentant du Chili à Berlin était chargé d'engager par contrat six professeurs allemands *de instrucción superior;* la condition exigée était que ces professeurs eussent passé *el examen de los aspirantes al profesorado superior* (Höheres-Schulamts-Candidaten-Examen) et acquis ainsi la facultas docendi. »

L'Institut pédagogique reçut son organisation par le décret du 29 avril 1889 ; un an après, en avril 1890, ses cours commençaient. Les premières années furent difficiles ; il avait été fondé en dehors de l'Université de Santiago et en opposition avec elle. Or, à peine était-il ouvert depuis une année, qu'éclatait la révolution de 1891, le parti jusqu'ici au pouvoir était vaincu, le président renversé ; l'existence de l'Institut fut mise en question. Mais les professeurs allemands avaient un contrat de six ans, puis ils trouvèrent un défenseur dans Diego Barros Arana, l'historien du Chili : il fut conservé. Depuis, les partis libéraux et radicaux l'ont pris sous leur protection, ils ont garanti son existence et son développement régulier. D'ailleurs l'antagonisme de l'Université nationale ne fut que passagère. Comme il n'y avait pas dans le pays de faculté de philosophie et lettres, un institut de culture générale n'était pas à proprement parler une concurrence. Bien mieux, il entra, du moins nominalement, dans l'organisation universitaire : quoique logé dans son édifice particulier et jouissant de l'autonomie, il est catalogué dans l'*Annuaire de l'Université de Santiago* sous la rubrique :

Faculté d'Humanités. Son dernier recteur est devenu recteur de l'Université, tout en gardant nominativement sa première charge, si bien que la fiction est complète, l'union apparemment résolue.

L'Institut d'Argentine, moins favorisé par les circonstances et d'ailleurs de fondation plus récente, ne paraît pas être sorti encore de la période pénible de l'établissement et des débuts. L'idée pourtant est, comme on l'a vu, fort ancienne [1]. En 1902 l'opinion était mûre pour une action décisive ; le rapport (déjà plusieurs fois cité ici) de l'inspecteur général Pablo Pizzurno avait produit une grande impression ; le ministre était un homme d'action. Au cours des discussions antérieures, on avait plus d'une fois mentionné l'exemple de l'École Normale supérieure de Paris [2]. Mais, au moment de la réalisation, ce

[1] Le fondateur de l'institution, le ministre Fernández, a réuni tous les projets élaborés de 1865 à 1902 dans les « *Antecedentes sobre enseñanza secundaria y normal* », Buenos-Aires, 1903.

[2] Notamment Juan Garcia en 1888, *Antecedentes*, pp. 372 et 398.

fut l'exemple allemand qui l'emporta ; c'était le moment où se publiaient en France les travaux de la grande enquête sur notre enseignement secondaire, où nos programmes, nos lycées, l'École Normale même étaient l'objet de discussions passionnées. Il n'est pas impossible que ces discussions — très lues dans l'Amérique latine — aient contribué pour beaucoup à orienter l'Argentine vers l'Allemagne. Et c'est le « système prussien » que délibérément le ministre Fernández voulut introduire dans son pays, avec quelques modifications.

Les décrets des 17 et 30 janvier 1903 exposèrent cette formule argentine un peu compliquée et qui n'a plus d'ailleurs depuis longtemps qu'une valeur historique. Pour obtenir le titre de professeur de l'enseignement secondaire, il fallait d'abord faire des études complètes dans une des facultés nationales et avoir ainsi un diplôme universitaire pour une spécialité déterminée. La préparation professionnelle venait ensuite et comprenait deux grandes divisions : « un cours théorique et expérimental des sciences de l'éducation qui aurait lieu à la faculté de philosophie et lettres de Buenos-Aires (psychologie, morale, méthodologie, législation scolaire argentine et comparée, etc.) », et d'autre part un « cours pratique de pédagogie divisé en deux années : *a*) première année — étude de la pédagogie générale à l'école normale d'instituteurs de degré supérieur et pratique dans les écoles primaires d'application et dans les écoles normales d'instituteurs de degré inférieur ; *b*) seconde année — pédagogie spéciale exposée dans le séminaire pédagogique d'enseignement secondaire, méthodologie particulière à la matière choisie par chaque aspirant, et pratique sous la direction du personnel de ce Seminario ».

Beaucoup de complications, beaucoup de pédagogie, mais sauvegarde de tous les droits de l'Université, utilisation de tous les établissements existant alors en Argentine, création d'un organisme de rôle limité, telles sont les caractéristiques de cette organisation. Le « Seminario », emprunté tout entier, idée et nom, à l'enseignement secondaire prussien, fut créé avec un personnel prussien : en janvier 1904 arrivaient à Buenos-Aires les six professeurs de gymnase de Prusse engagés par contrat. Comment, de la conception modeste, du rôle subalterne du séminaire pédagogique est sortie la réalité brillante d'un Institut national dirigé par les Allemands, c'est une leçon de persévérance et d'habileté qui mérite qu'on s'y arrête [1].

Arrivés à Buenos-Aires, les six professeurs de gymnase s'aperçurent qu'ils n'avaient pas d'élèves, et qu'ils ne pourraient en avoir que quand l'organisation nouvelle serait en plein fonctionnement, puisque les études au séminaire n'arrivaient qu'à la fin de la préparation. Mais le séminaire projeté supposait l'existence d'un collège annexe : ils s'offrirent à organiser un collège en attendant ; on leur donna les locaux d'une école primaire, quelques élèves empruntés à un collège voisin, et ils redevinrent là ce qu'ils avaient été en Allemagne, professeurs secondaires.

Le collège s'ouvrit le 15 juin, au milieu donc de l'année scolaire australe, avec 66 élèves : les Allemands avaient pris pied dans le pays,

[1] Les textes de cette histoire se trouvent dans les rapports annuels de l'Institut secondaire et dans la publication de l'Université de Buenos-Aires, éditée à l'occasion du centenaire (*La Universidad National,* B.-A., 1910).

s'assouplissaient à l'enseignement dans la la langue étrangère, jetaient les premières bases de l'édifice de l'avenir.

Mais déjà le ministre avait changé ; depuis mai, le Dr González avait l'intérim et devait remplacer définitivement le Dr Fernandez cinq mois après. A la faveur de ce changement, les professeurs du « Seminario » encore théorique obtiennent, après la pétition du 25 octobre 1904, des transformations importantes à l'organisation primitive : le stage d'un an à l'école normale primaire est supprimé ; le cours de science de l'éducation peut être suivi non à l'université, mais au séminaire, qui obtient ainsi le quasi-monopole de la préparation professionnelle et prend le nouveau titre d'Institut national du professorat secondaire (décrets du 16 décembre 1904 et du 21 janvier 1905).

L'Université se trouvait en fait dépossédée de la part de préparation professionnelle qu'elle avait reçue, mais gardait le droit exclusif à la préparation générale scientifique ou littéraire. On n'entrait à l'Institut qu'après avoir terminé une année d'étude à l'Université et obtenu un diplôme. C'est dans ces conditions que s'ouvrit l'Institut le 23 avril 1905, ayant admis 29 diplômés universitaires aux cours de méthodologie qui furent suivis d'exercices pratiques au collège annexe.

Mais à l'essai, l'organisation apparut fort imparfaite : les diplômés universitaires n'avaient pas eu, dans les facultés, dont on connaît le caractère pratique et utilitaire, les enseignements théoriques nécessaires dans telles ou telles matières d'enseignement ; aucun d'eux ne s'était inscrit dans les sections de langues modernes, parce qu'elles n'étaient pas enseignées à l'Université et que nul ne possédait un diplôme pour ces matières. C'est alors pue fut créé, par le décret du 23 novembre 1905, la « section des bacheliers », qui changeait totalement le caractère de l'Institut : ce décret créait une section d'études générales préparatoires de trois années ouverte aux bacheliers sortis des collèges. L'Institut devenait ainsi un centre d'études supérieures, en concurrence avec l'Université et indépendant de celle-ci. Il passait de la conception prussienne du séminaire à la conception française ancienne de l'École Normale supérieure.

L'Université se sentit atteinte ; devenue nationale en 1881 après que la capitale eut été « fédéralisé », dotée de revenus considérables (neuf millions à l'actif de l'année 1913), qu'elle gère en toute indépendance, l'Université de Buenos-Aires est une puissance, justement jalouse de son autonomie, soucieuse de conserver son autorité en matières d'études supérieures. On discuta les titres des professeurs allemands qui assumaient les fonctions de professeurs d'enseignement supérieur : ils furent appelés par dérision « maestritos de escuela de Alemania » [1].

Or le président de la République, Quintana, venait à mourir brusquement le 12 mars 1906 et était remplacé par le vice-président D. Figueroa Alcorta. Nouveau président, nouveau personnel politique, nouvelles influences : ce ne fut peut-être pas étranger à l'orage qui fondit sur l'Institut.

Le 22 février 1907, un décret présidentiel d'allure assez méprisante, confondant l'Institut national au milieu de collèges d'enseignement purement secondaire, l'annexait à

[1] Discours d'ouverture Manuel Bahia, congrès de Córdoba.

l'Université de Buenos-Aires. Le 12 août 1907 une ordonnance de l'Université transférait à la faculté de philosophie, lettres et histoire tous les cours de l'Institut qui avaient déjà un analogue dans les bâtiments universitaires. Le 20 novembre enfin, une nouvelle ordonnance supprimait tous les cours de culture générale de l'Institut et le ramenait ainsi à son rôle de séminaire, mais cette fois sous la dépendance directe de l'Université. C'était la ruine de l'œuvre patiente accomplie depuis leur arrivée par les professeurs allemands. D'autres seraient partis — et quelques-uns aussi lâchèrent pied et retournèrent en Allemagne ; mais le Dr Wilhelm Keiper resta avec quelques fidèles, ouvrit en 1908 son établissement avec un seul étudiant inscrit dans la section des diplômés universitaires — et attendit une saute de vent, qui vint en effet.

En 1909, nouveau ministre, dispositions nouvelles : le 15 février 1909, l'Institut est replacé sous l'autorité directe du ministère, reconstitué selon les décrets de 1905 et même le cours des bacheliers est porté à 4 ans ; de nouveaux professeurs allemands sont appelés et, à la fin de l'année, l'établissement reçoit une autonomie analogue à celle des facultés universitaires : les nominations de professeurs se feront d'après une liste de trois noms présentée par le conseil de ses professeurs (1er décembre). La prospérité revient d'un coup : à la rentrée de 1909, il y avait 309 inscrits diplômés et 323 bacheliers. Un incident, d'abord insignifiant, allait bientôt augmenter singulièrement les chances de l'Institut.

Le 12 décembre 1910, le grand quotidien bonarense « La Nación » publiait un article d'un professeur fort connu et fort impétueux, D. Manuel Bahía, qui contenait de vives attaques contre le principe même de l'Institut. Son directeur répondit fort habilement, mêlant à des arguments solides des compliments délicats à l'adresse de son adversaire [1]. Quelque temps après celui-ci devenait directeur de l'enseignement secondaire, visitait longuement et à de fréquentes reprises l'Institut, était définitivement conquis et devenait son défenseur le plus enthousiaste.

[1] Cf. brochure citée : *Los cursos del profesorado.*

Un décret organique présidentiel (10 février 1913) assure son fonctionnement régulier ; son directeur prend rang dans l'inspection de l'enseignement secondaire et devient l'assesseur technique du directeur de l'enseignement. Enfin, conséquence peut-être plus durable et de portée plus lointaine, le cours des diplômés universitaires est supprimé (par voie d'extinction et définitivement en 1915) : l'Institut a cessé d'être le séminaire, humble annexe de l'Université et chargé d'une besogne subalterne ; il est définitivement indépendant, chargé de la culture générale aussi bien que de l'éducation professionnelle et, comme celui du Chili, se rattache à la conception première de notre École Normale supérieure. — C'est le moment d'étudier simultanément l'organisation des deux établissements sud-américains.

***

Le grave problème qui se pose dès l'abord, lorsqu'on étudie l'organisation d'écoles normales destinées à former un professorat secondaire, c'est bien évidemment : comment a-t-on concilié les nécessités d'une culture scientifique supérieure avec les besoins tout aussi impérieux d'une préparation professionnelle efficace ?

L'Instituto pedagógico du Chili (dont les derniers programmes datent du 16 décembre 1907) tout aussi bien que l'Instituto nacional argentin (tel qu'il a été constitué en dernier lieu le 10 février 1913) sont des externats gratuits, où l'on entre sans concours, sur présentation du titre de bachelier. La durée des études est de quatre ans ; elles se composent de deux parties : les études théoriques et le cours professionnel. Le Chili a une tendance à superposer ces deux études, de telle sorte que les premières années sont à peu près exclusivement consacrées à la culture générale ; l'Argentine les dispose parallèlement d'un bout à l'autre du cours normal de quatre années.

Le caractère scientifique des études générales dépend en premier lieu de la spécialisation plus ou moins grande : chacune des deux écoles a divisé les matières littéraires et scientifiques en sept sections et l'Argentine a constitué en plus une section d'études philosophiques. Les sections chiliennes sont : espagnol, français, anglais, allemand, histoire et géographie, mathématiques et physique, sciences naturelles et chimie ; — les sections argentines : philosophie, anglais et français, histoire et instruction civique, géographie et géologie, mathématiques, physique, chimie et minéralogie, sciences biologiques. On remarquera l'importance prise par les sciences dans le plan argentin, où manque même une section de langue et littérature espagnoles. Quelques exemples précis pourront donner une idée plus exacte des tendances de ces enseignements.

A l'Institut de Santiago, les étudiants des quatre sections de langues (espagnol, français, anglais, allemand) suivent en première année un cours de deux heures par semaine de linguistique générale, dont voici le programme : « introduction aux études linguistiques — origine, évolution, classification des langues — relations entre la pensée, le langage, la grammaire, le style et la lexicologie — définitions et classifications grammaticales — phonétique générale — origine et évolution de l'écriture ». Et voici le programme du cours de grammaire historique suivi par les étudiants de la section de français : « formation de la langue, évolution des sons et des formes, du latin au français de 1600 — histoire de la langue littéraire depuis 1600 — variations de la prononciation selon le style, du familier au poétique — métrique française et chapitres choisis de poétique — origine des mots français, dérivation et composition ».

A Buenos-Aires, le programme d'anglais comporte, pour la partie linguistique, la phonétique, l'introduction à l'étude de la philosophie germanique, la métrique, la grammaire historique, la syntaxe ; l'histoire littéraire va du XIXe siècle (en 1re et 2e année) aux époques antérieures au XIXe siècle (3e année) pour s'attarder à Shakespeare en 4e.

En visitant ces deux établissements scolaires, j'ai été frappé de l'importance attachée à l'expérimentation, à l'observation personnelle, à l'étude minutieuse du fait. A Buenos-Aires, les travaux de laboratoire occupent dans chaque année, pour la chimie, les 3/7 du temps consacré à cette spécialité. A

Santiago, j'ai entendu tel cours de philologie castillane qui constituait un excellent exercice d'investigation et d'observation personnelle. Arrivé un autre jour au milieu des études pratiques de physique, j'ai trouvé des élèves dans toutes les salles de cette section, l'un observant les oscillations d'un pendule, un autre devant un appareil à prisme ; chaleur, optique, lumière, électricité étudiées simultanément afin que soient utilisés tous les appareils disponibles ; les observations écrites, puis rédigées à loisir, et un professeur partout présent. Les études biologiques m'ont paru aussi donner une très grande importance à l'observation et à l'expérimentation : guidé par le professeur Dr Johow, j'ai entrevu l'herbier où sont déjà classées 3.000 plantes chiliennes, les collections Deyrolles, Fric, etc., et le laboratoire où les élèves suivent la croissance des végétaux, les lois d'assimilation, etc.

Et quand j'ai demandé si l'on pouvait comparer — au point de vue purement scientifique — les études faites ici à celles que tels professeurs avaient pu observer en Europe, l'un d'eux m'affirma que dans sa section elles étaient analogues à celles « d'une petite université allemande », tel autre qu'elles arrivaient peut-être « au niveau de la licence française ».

La préparation professionnelle est sans doute la partie la plus originale de ces établissements, car c'est en définitive leur véritable raison d'être. Elle occupe dans l'un comme dans l'autre un tiers environ du temps des élèves ; au Chili, elle ne commence qu'à la seconde année, mais elle devient dominante en quatrième ; en Argentine elle commence dès la première année et se répartit assez également sur les quatre ans. Dans les deux pays, elle comprend une partie théorique et une partie pratique, et, pour la pratique, les professeurs disposent d'établissements annexes.

L'étude théorique de la science de l'éducation s'efforce dans les deux écoles de se faire vraiment scientifique. Voici le programme de Buenos-Aires : « 1re année, fondements de la pédagogie — anatomie et physiologie du système nerveux et des sensations — psychologie ; 2e année, fondements de la pédagogie (suite) — critique de la connaissance, logique et méthodologie, éthique ; 3e année, histoire de la pédagogie et législation scolaire ; 4e année, pédagogie théorique et pratique ». Voici d'autre part le programme de Santiago : « 2e année, histoire de la pédagogie — psychologie ; 3e année, logique et éthique — théorie de la pédagogie — exercices pratiques au laboratoire de psychologie ; 4e année, théorie de la pédagogie (fin) — introduction à la philosophie — exercices pratiques au laboratoire de psychologie ».

Une importance toute particulière est attribuée aux exercices de psychologie expérimentale ; et non seulement dans les deux établissements dont il a été question jusqu'ici, mais dans les facultés que j'ai pu visiter à Buenos-Aires et à La Plata et même dans des écoles normales primaires. On ne conçoit pas une étude psychologique même élémentaire sans un laboratoire plus ou moins complet et sans des expériences sur la respiration, la circulation du sang, dans leurs rapports avec l'attention ou les émotions, etc. ; les graphiques d'instruments enregistreurs sont un complément indispensable et très habituel des menus travaux d'élèves. Le Chili a même envoyé en mission spéciale son professeur de pédagogie pour étudier en Europe et aux Etats-Unis les laboratoires de psychologie expérimentale et établir ensuite, dans une annexe spéciale de l'Instituto pedagógico, un laboratoire fort complet, d'après les meilleurs modèles.

L'apprentissage pratique se fait dans les lycées annexes, mis sous la dépendance directe de chaque Institut ; celui de Santiago possède en plus une école maternelle et des sections d'arriérés, de bègues et de sourds-muets. L'apprentissage comprend d'abord l'assistance à des cours de professeurs choisis (40 séances obligatoires au Chili, pour les élèves de 3e année), puis des leçons faites par les élèves eux-mêmes.

Pour la pratique, les deux Instituts ont adopté chacun un système particulier : au Chili, cette pratique est mise sous la direction d'un seul professeur, qui a ainsi la responsabilité de toute la méthodologie et un rôle quelque peu universel ; en Argentine, chaque professeur de spécialité à l'Instituto dirige la pratique de ses élèves au lycée annexe ; la première méthode assure une direction pédagogique théoriquement plus complète, la seconde une vue plus sûre des détails ; l'idéal serait sans doute de les concilier en assurant pour la critique de chaque leçon d'élève la collaboration du professeur de pédagogie et du spécialiste.

*
* *

Le rôle de ces écoles normales sud-américaines ne dépend pas seulement des plans d'études et de l'organisation des travaux ; il est lié à la valeur même de ces travaux, à l'assiduité, au nombre des élèves. Et c'est ici sans doute le point actuellement le plus faible de ces Instituts, de conception d'ailleurs si intéressante.

L'Institut du Chili avait, en 1911, 181 inscrits répartis ainsi : 1re année, 43 étudiants, 62 étudiantes ; 2e année, respectivement 15 et 31 ; 3e année, 8 et 15 ; 4e année, 7 et 6. (Quelques-uns suivent plusieurs sections et sont comptés deux fois dans le total général) ; le nombre de diplômés pour 1911 fut en tout de 10, se répartissant dans les spécialités suivantes : espagnol, 1 ; français, 4 ; histoire et géographie, 1 ; sciences biologiques, et chimie, 4 ; — L'Institut de Buenos-Aires avait, en 1912, 118 inscrits (bacheliers) se répartissant ainsi : 1re année, 54 ; 2e année, 37 ; 3e année, 2 ; 4e année, 25 ; de ce nombre, 72 seulement, dans l'ensemble des cours, suivirent les classes avec fruit et purent subir l'examen de fin d'année. Mes souvenirs personnels concordent avec ces statistiques : sans doute je vis à Buenos-Aires un cours de chimie assez nombreux, ainsi qu'une assistance convenable au cours de mathématiques. Par contre, la classe d'anglais comptait trois élèves, dont l'une ne savait pas encore lire couramment un texte simple ; la classe de géographie avait cinq élèves en 1re année, mais pas d'étudiant en seconde. Au Chili, le cours d'espagnol de 3e année comptait 7 élèves quand je le visitai. On a l'impression que le nombre des étudiants n'est pas en rapport avec la valeur des professeurs et les sacrifices consentis par l'État pour assurer un recrutement professoral à ses collèges secondaires.

D'ailleurs la marche même des études est gênée par la situation particulière des élèves. Ni en Argentine, ni au Chili, la majorité des élèves ne peut se consacrer entièrement aux études de l'École normale supérieure ; les nécessités du présent ou le souci de l'avenir leur imposent prématurément cette dispersion, qui est là-bas, comme on l'a vu, la caractéristique de la vie universitaire. Quelques-uns sont déjà fonctionnaires, munis d'un petit emploi dans les postes, par exemple ; d'autres, instituteurs ; beaucoup poursuivent plusieurs études à la fois et le professorat sera pour eux une étape seulement ; ils comptent davantage, pour arriver à la vie large, sur les études de médecine ou de droit qu'ils font en même temps à l'Université. A Buenos-Aires, les cours de chimie se sont encombrés à plusieurs reprises d'étudiants en pharmacie et médecine qui voulaient surtout profiter de la gratuité et de la commodité des travaux de laboratoire ; survenait une réparation à l'immeuble qui interrompait les travaux pratiques, et la section se vidait comme par enchantement.

Aussi le nombre des diplômés de ces Instituts est encore trop faible. Au Chili, où le diplôme existe depuis près d'un quart de siècle, les lycées de la capitale commencent à avoir un personnel formé presque exclusivement de cette élite ; mais en province il n'en est pas encore de même et j'ai pu m'assurer, en visitant un collège de la région salpêtrière du Nord, qu'il n'y avait pas là un seul maître diplômé. Néanmoins cette influence se fait sentir de proche en proche ; elle est bienfaisante et l'Institut chilien jouit dans le pays d'une autorité indiscutée. Cela tient en partie probablement à ce que son caractère de création étrangère s'est peu à qeu atténué ; des anciens élèves y sont devenus maîtres à leur tour, son personnel est maintenant de majorité chilienne ; la direction suprême est chilienne aussi et les maîtres allemands, même parmi ceux qui sont venus plus tardivement, font partie aux yeux des Chiliens des illustrations nationales : ils publient des travaux érudits sur la langue, l'histoire, la nature du pays.

Et d'ailleurs ils ne sont pas au premier plan des luttes de doctrine et d'opinion : dans le grand débat qui depuis deux ou trois ans émeut les milieux cultivés du Chili au sujet de la réforme de l'enseignement secondaire, l'Institut pédagogique, en corps, n'a pas pris parti. Dans son personnel, ce sont les Chiliens qui se sont lancés dans l'arène, par exemple Don Darìo Sálas, l'apôtre de la pédagogie nord-américaine. On a l'impression que, doucement, l'influence allemande passe la main, sans cependant que les maîtres qui ont implanté dans le pays leurs méthodes perdent en rien de leur prestige.

L'Institut de Buenos-Aires n'a pas encore pu arriver, dans son existence beaucoup plus brève, à l'autorité de son aîné chilien. Sans doute l'habileté du directeur, le Dr Wilhelm Keiper, lui a assuré à plusieurs reprises, et tout récemment encore, une situation officielle brillante : ce directeur même et plusieurs professeurs ainsi que le directeur du collège annexe, Sr. Bastianini, ont eu une part très importante à la rédaction des nouveaux programmes ; le directeur a élaboré un projet de loi très complet sur l'enseignement secondaire et il s'est placé au premier rang dans les débats du congrès de

Córdoba sur la situation du personnel des collèges nationaux.

Mais, comme le reconnaissait son défenseur le plus enthousiaste, don Manuel Bahía, « l'Institut n'a pas encore été accepté par les milieux intellectuels », et il en donnait une raison : « Nous avons vécu dans cette erreur que le diplôme universitaire implique l'aptitude à enseigner dans les collèges ». Il y a longtemps déjà, Pablo Pizzurno [1] avait signalé ce mépris des universitaires pour la pédagogie « qu'ils appellent science du sens commun ». Et, au congrès de Córdoba, le rapporteur Dr Giménez affirmait qu'un Institut spécial ne pouvait donner que la « pédagogie-art, composée de règles précises, presque mécaniques, invariables depuis Pestalozzi et telles que ce sont précisément les intelligences les moins ouvertes qui les assimilent le plus facilement et qui arrivent aux meilleurs résultats ».

Cette conception de la pédagogie n'est pas la seule raison de la résistance opposée dans les milieux universitaires argentins à

[1] Rapport cité, p. 15.

l'Institut du professorat secondaire ; un des vœux, adopté à l'unanimité moins trois voix à la séance du 19 février 1913 du congrès de Córdoba, pourra éclairer sur l'opinion de ces milieux : « ... 7° La direction des Instituts chargés de la formation du professorat et l'enseignement dans ces instituts seront confiés à des éducateurs du pays, de compétence scientifique et professionnelle incontestables. »

Il ne convient pas de prendre parti dans ces débats, où chacun des adversaires pense agir pour le mieux des intérêts qu'il représente. Pour l'étranger, qui s'est efforcé de comprendre les conditions particulières de l'enseignement sud-américain, il apparaît que ces instituts, chilien et argentin, ont bien répondu, en tout cas au moment de leur fondation, à des besoins impérieux de l'enseignement secondaire.

Certes, ils sont assez loin de rendre tous les services qu'on pourrait en attendre ; mais si leur action est limitée, ils le doivent à des obstacles bien en dehors de leur sphère d'action : aux conditions générales de la vie économique américaine en premier lieu ; puis ici, à l'absence d'une loi organique de l'enseignement secondaire ; là, à une loi archaïque des traitements. Ils n'ont pas assez d'élèves et pas assez de choix dans l'admission de leurs élèves parce que la carrière professorale n'a pas elle-même un pouvoir d'attraction suffisant.

Dans leur sphère limitée, ils ont fait du bien et contribué au progrès de l'instruction, dans le pays où s'exerçait leur action ; à Santiago même, cette action, comme on l'a vu, s'est exercée fort loin, pour le plus grand profit de la patrie chilienne. Le seul regret qu'un Français puisse exprimer à ce sujet, c'est que ces Instituts aient été créés par des professeurs allemands.

Mais si l'on considère ces établissements d'un point de vue plus général, la question change singulièrement d'aspect. Est-il prouvé par leur exemple que l'on peut concilier, dans un double cours d'études parallèles, une culture scientifique supérieure avec une préparation professionnelle intensive ? Il serait bien difficile de l'affirmer, et je connais tel de leurs professeurs de sciences qui aimerait à concentrer pendant plusieurs années toute l'attention et toute l'activité de ses élèves sur les études de science. Et, d'autre part, comme l'a bien reconnu la France en 1902, dans un pays où l'enseignement universitaire est complet, c'est à l'Université qu'il convient de concentrer toutes les études vraiment supérieures.

Ce que ces écoles normales sud-américaines ont d'excellent et en quelque manière de vraiment neuf, c'est le souci de la préparation professionnelle théorique et pratique et les méthodes complètes et scientifiques qui assurent cette préparation. Et l'avenir semble appartenir à une formule un peu différente qui serait inspirée de leur exemple et aussi de quelques exemples allemands et nord-américains ; ce serait, si l'on veut, la formule française actuelle, mais élargie : une faculté de pédagogie, moderne et largement dotée, pourvue de laboratoires, où devraient faire un stage, non pendant leurs études générales, mais après avoir conquis un diplôme, tous ceux qui se destinent à l'enseignement.

L'École populaire des Amériques

C'est peut-être une entreprise un peu chimérique que d'esquisser le portrait de l'école américaine dans son ensemble. Pourtant, pour qui a parcouru l'Europe et se trouve ensuite dans les grands pays d'Amérique, il se dégage, par opposition, une impression d'ensemble; du Canada au Chili l'enseignement populaire prend un air de famille. Est-il possible de rendre ces ressemblances sans forcer la note?

Tout d'abord le milieu scolaire américain est très différent du milieu européen : pour l'observateur qui se contente des aspects extérieurs, il suffit pour assurer à l'école américaine un caractère original. On note aisément, du nord au sud des Amériques, la bigarrure raciale, l'exemple de Chicago est classique : en 1914, sur les 882.500 élèves de ses écoles, 278.000 seulement (pas tout à fait un tiers) étaient nés en Amérique de parents américains; l'origine des parents était, pour 140.000 enfants, l'Allemagne; 98.000, la Pologne; 69.000, la Russie; 50.000, l'Irlande; 46.000, la Bohême; 44.000, la Suède; 37.000, l'Italie; 22.000, l'Autriche; 15.000, la Norvège; 12.000, l'Angleterre; 10.000, le Canada; 9.000, la Hongrie; 8.500, la Hollande; 8.000, la Lithuanie. Rio-de-Janeiro offre dans ses écoles le mélange des races de tous les continents et de leurs croisements, nègres et Indiens, Chinois et Japonais récemment introduits, méditerranéens divers. A Saint-Paul, à Buenos-Aires, l'élément italien submerge dans certaines écoles l'élément national de langue portugaise ou espagnole. Dans beaucoup de cas, l'enfant est né en pays étranger, arrivé depuis peu dans sa nouvelle patrie. Aussi l'école américaine sera-t-elle une école d'assimilation par le langage et par l'enseignement patriotique.

Un autre trait bien américain, c'est l'encombrement des écoles; chaque paquebot amène un flot d'enfants, les familles des nouveaux arrivés sont innombrables; c'est une marée montante qui, dans les capitales, dépasse chaque année toutes les prévisions.

Les immenses bâtisses new-yorkaises où s'engouffrent chaque matin cinq cents, huit cents, mille élèves ne suffisent pas. Buenos-Aires inaugure d'un coup, le 3 octobre 1886, quarante nouvelles écoles, mais il en faudrait autant deux ans après. Alors on vit d'expédients, et l'expédient, au nord comme au sud, c'est le système du demi-temps. Le même bâtiment sert à deux et trois écoles différentes, dont chacune a son personnel distinct. Voici quelques exemples relevés au nord et au sud de l'Amérique ; à Buenos-Aires, l'école primaire publique Saavedra a une première série d'élèves de 8 heures à 11 h. 50, une seconde de 12 h. 30 à 4 h. 30. A Saint-Paul (Brésil), l'école du plateau que je visite a une série de 8 h. à 12 h. (17 classes de garçons), une de filles de 12 h. 30 à 4 h. 30 (17 classes aussi) et une école du soir pour immigrants de 7 h. 30 à 9 h. 30. L'école normale de Saint-Paul sert à trois écoles successivement de 8 heures du matin à 10 heures du soir : deux écoles normales de filles et une école normale de garçons. A New-York, dans les écoles dédoublées, on concentre davantage, et le tour de la seconde équipe commence avant la fin de la première, tandis que la première a laissé libres les classes pour aller au gymnase ou aux travaux manuels; et l'on a ainsi le schéma A, 8 h. 30-11 h. 30; B, 10 h. 30-1 heure; A de nouveau, 1-2, et B de nouveau, 2-3 h. 30.

Dans ce groupement new-yorkais des heures de classe, on aperçoit une autre tendance de l'école américaine, c'est de rassembler toutes les heures de travail au milieu du jour. Le temps normal des classes dans une école de New-York à une seule équipe est 9-12, 1-3. Au Collège don Pedro II de Rio-de-Janeiro, en pleine région tropicale, les classes ont lieu sans interruption de 9 heures du matin à 3 heures du soir. A Saint-Paul, dans une école à une seule équipe, l'école primaire du Braz, bel édifice qui contient 23 classes, 480 garçons, 530 filles, sous une même direction, les classes ont lieu de 11 h. du matin à 4 heures avec une récréation longue de 1 h. 20 à 2 heures. La raison de cette concentration des classes, d'ailleurs fort peu pédagogique, c'est en premier lieu l'immensité des grandes villes et la nécessité pour beaucoup de maîtres et même d'élèves (parmi les grands) de parcourir de très longues distances, de la maison à l'école.

C'est aussi que beaucoup de maîtres, surtout dans l'Amérique du Sud, ont des occupations très diverses : instituteurs et institutrices suivent des cours de faculté, d'écoles spéciales, enseignent dans d'autres établissements ou bien encore occupent de petits emplois.

Il résulte de cette organisation que la durée de la journée de classe est en général plus courte en Amérique qu'en Europe et surtout qu'en France où les études surveillées viennent encore allonger la journée scolaire. Et l'année scolaire est elle-même plus courte; les grandes vacances des écoles primaires durent en général trois mois dans l'Amérique du Sud et dans beaucoup de parties des États-Unis. Une enquête officieuse dans les différents Etats de l'Union nord-américaine arrivait en 1913 à cette conclusion : les États-Unis ont la journée scolaire la plus courte, la plus courte semaine scolaire et la plus courte année scolaire du monde ; ce serait sans doute inexact si l'on considère les grandes villes, mais les campagnes font baisser singulièrement la moyenne, s'il est vrai que, comme le disait récemment dans une brochure officielle le gouverneur de l'Ohio, les villages n'entretiennent un instituteur qu'autant qu'il y a de l'argent dans la caisse scolaire, parfois quelques semaines seulement, et que le maître se loue souvent alors comme valet de ferme pour achever l'année.

Le gouvernement de l'école présente dans toutes les Amériques un caractère commun : la décentralisation en matière d'enseignement primaire. Sauf pour le Chili, qui par ses dimensions et son histoire se rapproche davantage des pays d'Europe, il n'y a pas de loi uniforme pour chaque pays. Dans chacun, Canada, États-Unis, Brésil ou Argentine par exemple, le droit de légiférer en matière d'enseignement primaire est remis aux États d'une fédération ; chaque État ne donne d'ailleurs que les grandes lignes de l'organisation scolaire et remet l'administration, le choix des maîtres, la direction et la surveillance des écoles primaires aux autorités locales. Il en résulte une grande diversité dans la constitution des écoles et leur valeur éducative. Les grandes villes consacrent à l'instruction publique des sommes considérables (New-York, 200 millions par an) et sont justement fières de leur œuvre.

New-York aime qu'on visite ses établissements scolaires ; toutes les portes sont ouvertes et quiconque, parent, collègue américain ou voyageur étranger, peut entrer librement et aller s'asseoir au fond de la classe : j'ai vu parfois cinq ou six personnes étrangères entrer successivement, écouter, prendre des notes, puis disparaître silencieusement. Rio montre avec orgueil son école Déodoro, sur la baie enchanteresse; Saint-Paul, Buenos-Aires ont un grand nombre de groupes scolaires superbes et Buenos-Aires a élevé, en édifiant l'école du Président Roca, un somptueux temple de marbre à l'éducation populaire. Récemment le Canada français édifie des bâtiments scolaires très modernes à Québec, à Montréal. Mais dans tous ces pays, le contraste est très grand entre l'œuvre des villes et celle des campagnes : le rapport du gouverneur de l'Ohio nous dit la misère de beaucoup d'instituteurs ruraux dans cette partie des États-Unis; en Argentine, selon un document officiel (*La Educacion comun en la Republica Argentina*, p. 80-1913), on lit que dans certaines provinces les maîtres sont payés après dix, douze, quatorze mois d'attente et qu'on les paie alors avec des bons de trésorerie parfois si dépréciés qu'ils ne touchent que 50 p. 100 de leur dû.

A ne considérer donc que l'extérieur, l'école américaine nous apparaît en plein travail de formation et d'organisation, avec toute la diversité d'apparences que donnent la vie intense, l'effort isolé, les conditions locales si dissemblables. Il faut aller plus loin; il faut se demander quel est le caractère intime de l'éducation de ces écoles nouvelles.

Mais en vérité, y a-t-il une école américaine? Depuis que j'ai quitté l'Amérique, dans les longues journées de mes deux mois de traversée du Pacifique, c'est une question qui m'obsède et c'est un peu pour m'en délivrer que j'écris. Qand je me rappelle tant de classes sans caractère marqué auxquelles, bon gré mal gré, j'ai assisté, je deviens perplexe; étaient-elles en français, en anglais, en portugais, en espagnol? sous la brume canadienne ou dans la lumière équatoriale?

Eussent-elles été différentes sur ce bord-ci de l'Atlantique ?

Il faut bien le dire : il y a un peu partout, à travers le monde, un enseignement sans âme, sans personnalité, anonyme et international, celui qui consiste à « faire sa classe » à l'heure dite, à terminer son programme en temps voulu, à énoncer chaque année la même somme de faits, ni trop mal, ni trop bien, sans en sentir l'intérêt varié, sans les adapter chaque fois à chaque génération d'élèves, sans faire passer dans son enseignement cette chaleur d'inspiration morale et nationale qui est la marque propre d'une école et d'un éducateur. — Je suis effrayé, en écrivant ceci, de la banalité de ma remarque ; mais je lis tant de comparaisons de systèmes d'éducation où l'on ne tient compte que des programmes écrits et des intentions des dirigeants, que je ne puis m'empêcher d'évoquer la réalité des faits, l'égalité de tant d'écoles diverses dans la médiocrité, et ce poids mort de routine et de métier que traîne toute pédagogie après elle.

Je cherche à retrouver, dans la litanie des leçons multilingues qui me reviennent en mémoire, les accents personnels. Sur la grisaille, se détachent des figures ardentes et passionnées, quelques créateurs de vie, et ce sont ceux-là qui comptent dans un pays ; et heureux les pays qui attirent, préparent et retiennent en grand nombre, pour l'œuvre de l'éducation, des maîtres conscients de leur devoir national et gardant, tout le long de leur carrière, leur ferveur juvénile. Sont-ils plus nombreux en Amérique qu'en Europe ? leur inspiration, leurs procédés sont-ils notablement différents de ceux de leurs collègues du vieux monde? Bien habile qui pourrait donner à ces questions une réponse décisive ; j'essayerai d'arriver à quelques approximations.

La valeur des maîtres dépend d'abord de leur préparation; les États-Unis ont déjà quelques instituts pédagogiques de conception admirable, comme le Teacher's College de Columbia University; et des écoles normales en grand nombre, depuis les temps de Horace Mann; aussi les États de civilisation avancée, les grandes villes y sont largement pourvus de maîtres préparés; on ne saurait en dire autant pour tous les États et pour toutes les campagnes de la Fédération. En beaucoup d'endroits aux États-Unis, comme d'ailleurs aussi dans l'Amérique du Sud, l'école normale ne suffit pas au recrutement : à cet égard, la statistique du personnel primaire chilien est des plus significatives. Sur 6.097 instituteurs et iustitutrices, 1.840 sont sortis des écoles normales. Des 4.257 non normaliens, 200 ont été préparés rapidement par « l'externat normal » de Santiago ; 422 ont passé des examens à la suite desquels ils ont été titularisés ; 3.635, soit les 60 p. 100 du personnel entier, n'ont pas de titres et restent stagiaires.

L'Argentine a supprimé ses écoles normales de garçons, pour des raisons plus politiques que pédagogiques. Elle a tenté l'expérience préconisée si bruyamment en France il y a quelques années et créé des sections normales dans les collèges secondaires ; les sections n'ont pas vécu et les écoles normales sont bien mortes. Restent du moins les écoles normales de jeunes filles, qui ne portaient ombrage à personne. L'État de Saint-Paul, au Brésil, a une institution curieuse ; son école normale se divise en deux sections : l'une « primaire », d'accès plus facile, de programme plus simple, prépare les maîtres ruraux ; l'autre « secondaire », les maîtres des écoles urbaines et les futurs directeurs et inspecteurs.

Les inégalités dans la préparation peuvent être nivelées dans la suite de la carrière : l'effort individuel vers la culture, l'esprit d'initiative, de progrès, sont souvent plus précieux qu'un cours normal suivi sans conviction. L'important, c'est d'opérer dans le personnel une sélection judicieuse, tenir compte de tous les efforts, mettre les meilleurs dans les situations les plus enviées, susciter ainsi une émulation de bon aloi et tenir les bonnes volontés en haleine ; et c'est ce que fait toute administration scolaire, quand elle a les mains libres.

La politique locale, dans l'école décentralisée, joue malheureusement un peu partout un rôle trop important, et bien que la presque totalité du personnel primaire soit féminine, et, sauf quelques États nord-américains, n'ait pas de droits politiques, par un miracle que je ne chercherai pas à expliquer, les politiciens collaborent avec l'administration pour la sélection du personnel — et pas toujours pour le plus grand bien de l'éducation. Est-ce un mal démocratique inévitable?

En dépit de ces conditions parfois nettement défavorables, plus humaines que spécifiquement américaines ou européennes, et que je n'aurais pas mentionnées si l'on ne nous représentait pas trop souvent l'Amérique comme un Eldorado démocratique, j'ai entendu dans beaucoup de grandes villes du Nord ainsi que dans l'Amérique latine des maîtres distingués, très modernes, d'allure vivante et de dons pédagogiques brillants.

Très modernes : c'est la préoccupation américaine. La pesante discipline historique, que l'Europe doit en grande partie à l'Allemagne, a épargné jusqu'ici l'Amérique. De ce côté de l'Atlantique, la pédagogie commence au xxe siècle. L'Amérique redécouvre les lois élémentaires de l'éducation et le proclame, ce qui est ingénu, — mais les applique, ce qui est admirable. Un trait tout à fait sympathique de l'américanisme dans l'éducation, c'est la mise en pratique immédiate de toute théorie, qu'elle vienne d'un penseur américain, ou qu'elle soit apportée d'Europe par un voyageur. La République Argentine doit, comme on l'a vu, à cette hardiesse toute une floraison d'institutions destinées à former un professorat : école normale supérieure primaire (qui fut éphémère), école normale supérieure de langues vivantes, institut de culture physique, etc.

Beaucoup de maîtres aux États-Unis ont des initiatives très intéressantes : ici, je surviens en pleine organisation d'une république d'enfants ; là, ma visite imprévue tombe au milieu d'une représentation d'un fait de l'histoire nationale, les rôles étant distribués entre les élèves, et les costumes figurés avec quelques ornements de papier ; ailleurs un maître vient de terminer ses études de médecin-dentiste et le directeur transforme une partie de son service en clinique dentaire gratuite pour les enfants de l'école; ailleurs encore, je crois entrer dans une salle de classe, à une heure de l'après-midi, et me trouve dans un dortoir, où sont réunis les élèves de santé débile, que l'on fait coucher sur des lits de camp après le repas de midi.

La pédagogie expérimentale a une vogue

énorme dans les deux Amériques. Il n'est pas permis de se dire psychologue ou étudiant en pédagogie, sans manier les appareils enregistreurs de Leipzig, sans établir les « tests Binet », sans joindre aux plus humbles travaux des diagrammes, des commentaires d'enquêtes sur les enfants. Tel État de l'Amérique du Sud a fait venir — pour être à la mode — un matériel « pédologique » dernier cri ; mais nul dans le pays ne savait à quoi servaient les instruments ; on me dit aux dernières nouvelles qu'un spécialiste italien va venir les mettre en marche. De telles exagérations sont l'indice d'un état d'âme infiniment respectable en soi et l'intempérance dans le désir de progrès vaut mieux que telle autre affectation — plus européenne — de scepticisme facile.

Et si j'essayais de résumer les tendances actuelles de l'éducation américaine, il me semble qu'elles pourraient se diviser à peu près ainsi : la tendance individualiste de « l'école sur mesure », adaptée à chaque individu, à chaque élève ; — la tendance « vocationnelle » c'est-à-dire l'effort pour donner dès l'école primaire une vocation, une direction pratique et les premières notions de ce métier ; — la tendance sociale, la plus récente, qui consiste à considérer l'école comme un « centre social », destiné à agir, non seulement sur les enfants, mais sur les parents invités à suivre de près la vie scolaire, sur les adultes appelés à des conférences, théorie qui conçoit chaque école comme l'âme d'un quartier ou d'un village. Et aucune de ces tendances n'est nouvelle pour un Européen, mais ce qui est américain c'est la foi ardente, bruyante, communicative des novateurs, et la mise en pratique immédiate.

APPENDICE

RETOUR BRUSQUÉ

DU CHILI A LA FRONTIÈRE LORRAINE
PAR LE JAPON

Traversée : de Valparaiso à Yokohama

En arrivant à Yokohama, 28 juillet 1914.

A l'aube, on aperçoit la terre ; peu à peu, les contours se précisent et, dans la buée de l'été tropical, des pointes aiguës se profilent, des pins parasols se détachent au faite des monts, une cascade laisse tomber son ruban d'argent entre les collines agrestes ; c'est le Japon, et l'océan Pacifique est traversé !

Le 30 mai, je montais à bord du cargo allemand le *Serapis*, en rade de Valparaiso ; je me suis arrêté cinq jours aux îles Hawaï après l'avoir quitté, pour attendre le vapeur américain courrier de Californie au Japon ; ce sont donc cinquante-quatre jours passés à bord en deux mois. Il est vrai que la distance à parcourir était honnête : exactement 10.000 milles marins, soit 18.500 kilomètres, presque la moitié de la circonférence de la terre. Décidément, le Pacifique est un grand océan !

Et je crois bien avoir pris le plus court chemin du Chili au Japon. Vous m'objecterez que ma route fait une courbe, puisque je touche aux Hawaï; c'est là que je vous attendais : le plus court chemin d'un point à un autre est la ligne courbe, c'est-à-dire une portion du grand cercle dont le centre est le centre de la terre et qui passe par les deux points extrêmes de la route nautique. Que n'apprend-on pas quand on est enfermé pendant tant de semaines, seul passager, dans l'étroite cabine d'un cargo-boat !

Tout de même, les six semaines passées sur le cargo, de Valparaiso à Honolulu dans les Hawaï, ont eu leur charme. Ce furent d'abord les escales aux pays du salpêtre, le pays le plus étrange, le plus irréel qu'on puisse rêver. Côte qui réunit les caractères contradictoires, la sécheresse éternelle, l'humidité constante, le brouillard toujours et jamais la pluie; falaise uniforme de 700 à 1.000 mètres, qui est le rebord abrupt du plateau désertique de l'intérieur, talus énorme et aride, désolé, d'un jaune affreux, sans un arbre, sans une herbe. Parfois, après un brouillard épais, apparaît pour quelques heures seulement, comme une sorte de moisissure, un commencement de prairies, un tapis éphémère d'un vert timide, que le premier coup de soleil fait disparaître. Derrière le mur hideux, c'est le plateau de la Pampa chilienne, l'Eldorado moderne, le désert où s'égrènent les usines de nitrates, d'iode, de cuivre, d'argent. Mais les bourgs, au bord de la mer, meurent de soif et d'inanition.

Par contre, dans la mer, quelle vie ! Toute la côte est baignée par un courant glacé venu des régions polaires antarctiques, qui remonte droit vers le nord ; c'est ce courant qui interpose son mur humide et froid entre les effluves bienfaisants du tiède Océan et le malheureux pays déshérité. Cette eau froide est en même temps une malédiction pour la terre, une bénédiction pour tous les êtres aquatiques ; penché sur le bordage du navire, j'ai suivi pendant des heures le jeu des poissons innombrables qui pullulent dans ces parages, les éclairs soudains des écailles qui pailletaient les profondeurs, aussi loin que l'œil pouvait pénétrer. Quand, le soir, les bancs de poissons de petite taille revenaient de la haute mer pour passer la nuit sur les fonds plats, le spectacle était inouï. Un peuple de voraces se portaient à leur rencontre : du fond des baies accouraient, par plongeons successifs, des bandes de morses, à la peau huileuse, glissant sur la surface et bondissant sur la lame ; puis plus profondément, on devinait au remous de l'eau la ruée de puissances de première grandeur, arrivées des grands fonds pour prendre part au festin. En même temps, de la côte, c'était un envol général : mouettes piaillantes, en tourbillons ; vols réguliers de pélicans, rasant le flot, le cou tendu, le bec entr'ouvert. En arrière suivaient les pingouins, vigoureux nageurs. Sitôt que le premier banc de petits poissons était signalé par les mouettes, la lutte s'engageait acharnée : oiseaux fondant brusquement sur la mer, rapaces marins émergeant à fleur d'eau, clapotis, sauts éperdus, cris querelleurs des mouettes à qui les monstres sous-marins arrachaient du bec la proie frétillante, une scène de carnage sans cesse renouvelée, se déplaçant lentement vers les rivages et se prolongeant jusqu'à la nuit noire. Terrible leçon de choses que donne la nature !

Tocopilla, Antofagasta, Iquique... nous suivons les escales principales. Tout le jour, les chalands chargés de salpêtre s'accrochent au flanc de notre cargo ventru ; les poulies grincent, les sacs s'engouffrent dans nos soutes. Le soir, quand le silence s'est rétabli, des poissons étranges viennent rôder autour de nos phares électriques ; une nuit, j'aperçus aussi un poulpe énorme, le corps glauque et distendu à demi hors de l'eau, les bras flottants, fixant de son œil exorbité notre fanal. Le dernier sac de salpêtre jeté dans les soutes, ce fut désormais le silence ; plus de poulies grinçantes à toutes les écoutilles, de cris de bateliers et de débardeurs : le silence et la solitude du Grand Océan. Partis d'Iquique le 18 juin, nous arrivions le 12 juillet à notre première escale, Honolulu, sans avoir vu une terre, un îlot, sans avoir croisé un navire, même le plus humble des voiliers ; et pendant vingt-deux jours, notre télégraphie sans fil n'avait reçu ou communiqué aucun message. Isolement absolu en dehors de toutes les routes maritimes habituelles !

Heureusement que les mers tropicales offrent des spectacles merveilleux. Les aspects changeants du Pacifique ont fait ma joie tout le long de la traversée. Sous la poussée des alizés, il amoncelait ses lames bleues aux tons légers ; dans les calmes de l'équateur, il étalait ses plaines d'eau glauque aux reflets violacés; dans la rade d'Honolulu, les flancs du navire baignaient dans un bleu chimique, couleur de sulfate de cuivre, tandis que sur les plages de l'île hawaïenne, par delà la ceinture des récifs coralliens où la vague déferle écumante, les flots étalés prenaient un ton vert léger et clair.

L'île d'Hawaï, je n'ai pu que l'entrevoir! J'en garde une vision éclatante. Comme toutes ses sœurs océaniennes, c'est le pays du printemps éternel, des fleurs radieuses. Le premier soir, toute la ville d'Honolulu se porta vers le vieux mur du Collège où s'épanouissent une fois par an, pour une seule nuit, des fleurs de dimensions merveilleuses. L'île est un chaos de pics volcaniques, de cratères éventrés; les rares plaines sont couvertes du vert jaunâtre des plantations de canne à sucre; les côtes roides voient s'aligner les files interminables des champs d'ananas; et des fleurs, des fleurs partout, en toute saison de l'année. Les villas légères, en bois aux galeries à claire-voie, disparaissent sous des guirlandes frissonnantes et embaumées; des arbres énormes sont d'immenses bouquets. Les indigènes mélanésiens — apparentés à nos Canaques, mais de mœurs très douces — ont eux-mêmes la passion des fleurs; on les voit se promener dans les rues et sur les sentiers, des couronnes de fleurs fraîches sur la tête et autour du cou.

J'ai quitté à regret l'île paradisiaque. Et maintenant, sur l'énorme bateau américain, chargé de jeunes gens rasés et sportifs, de miss hardies à fière allure, nous venons de traverser le Kuro-Chivo aux flots sombres. Les cris des matelots, les coups de marteau sur le pont, les cordages qu'on déroule, les colis traînés lourdement annoncent la fin de la traversée. De l'hiver chilien qui venait de fermer la Cordillère et d'ensevelir un train sous la neige, je passe à l'été japonais lourd d'orages et menaçant de typhons. Et je quitte à regret la mer, les longues méditations, les yeux perdus sur le sillage qui fuit, les heures studieuses devant les notes et documents emportés de l'Amérique du Sud, et ce lent travail d'élaboration, dans la paix et la solitude du bord, pour donner une forme tout au moins provisoire aux observations faites dans le premier des continents que je devais visiter. Le chapitre de l'Amérique est bien clos : voyons l'Asie !

Au Japon, pendant la mobilisation

Ironie du sort : lorsqu'arrivant de l'Amérique du Sud, je vois dans la buée tropicale, s'éparpiller le long des eaux jaunâtres du golfe de Tokyo les maisonnettes en bois de Yokohama, je crois l'Amérique évanouie pour moi à jamais, je vis d'avance en pensée de longs jours de voyage et de contemplation au pays des Bouddhas millénaires, dans le décor du Japon, de la Chine et de l'Inde; et voilà qu'à peine à terre, ce 28 juillet 1914, c'est l'Europe qui me reprend, l'angoisse de la patrie en danger qui m'étreint, et la mobilisation va bientôt me ramener en France par l'Amérique.

Heures de fièvre et d'anxiété. Dans l'hôtel français où se réunissent la plupart de nos compatriotes, les brefs télégrammes d'agences anglaises apportent coup sur coup les graves nouvelles : ultimatum autrichien, déclaration de guerre à la Serbie, bombardement de

Belgrade ; personne pourtant ne peut croire à la guerre.

Le peuple japonais partage la fièvre des colonies européennes. A Yokohama, à Tokyo dans les rues, des groupes discutent passionnément les nouvelles. A tout instant, des coureurs traversent les avenues, un flot de grelots et de sonnailles à la ceinture, distribuant pour quelque menue monnaie des éditions spéciales de format minuscule.

Dans ces jours d'attente, j'ai fait une singulière rencontre : dans l'express qui me ramène en une heure de Tokyo à Yokohama, j'ai lié connaissance avec un docteur russe des provinces baltiques, qui occupe une haute situation officielle à Irkoutsk, en Sibérie et qui est arrivé de Vladivostock la veille. Il me conduit à Yokohama, chez un professeur allemand à qui ses amis de Riga l'ont adressé, établi ici depuis 20 ans, correspondant pour l'Extrême-Orient de *la Gazette de Cologne.*

Nous nous attardons ce soir du 3 Août chez le professeur, à discuter, lui Allemand, moi Français, deux points de vue inconciliables et le Balte aux sympathies hésitantes, qui ne sait que se lamenter. Je crois encore la guerre impossible, mais le professeur allemand *sait* qu'elle est certaine et l'affirme ; il *sait* avec tout autant de « certitude » qu'elle sera brève et écrasante et, comme je l'en raille, il a des mots superbes et définitifs pour exprimer la supériorité germanique : « De hasards dans la guerre, il n'y en a point ; la chance va au plus fort. Pourquoi l'Allemagne vaincra, c'est qu'il y a entre les peuples les mêmes inégalités qu'entre les hommes : l'Allemagne est le peuple supérieur. » Il ne se fait pas d'illusion sur les dispositions de l'Angleterre, et il n'a qu'un doute, l'attitude que prendra le Japon.

Je reviens attristé, ébranlé par tant d'assurance, de la colline escarpée qu'il habite, le « Bluff », qui domine le golfe aux innombrables lumières, et je suis mélancoliquement les caprices du sentier dans les pins, insensible aux parfums de cette nuit japonaise, anxieux du destin de la patrie lointaine.

Le jour suivant, l'irréparable nous est annoncé : l'Allemagne a déclaré la guerre à la France. L'Angleterre reste énigmatique. Les Anglais du Japon, même les mieux placés, ne savent rien et beaucoup s'irritent ; lourde journée d'attente que je passe, sans pouvoir y prêter de l'intérêt, à l'exposition nationale japonaise, dont je m'échappe bientôt pour aller aux nouvelles, à notre ambassade ; là, rien encore.

Grande rumeur le lendemain matin à l'hôtel ; des Anglais y font irruption en chantant leur hymne national ; on se secoue les mains vigoureusement ; déjà le champagne coule et l'on porte des toasts : l'Angleterre entre dans la lutte aux côtés de la France. Dans les jours qui suivent les nouvelles heureuses affluent, l'entrée à Mulhouse, l'avance rapide en Lorraine. La feuille allemande du lieu, le *Japanese Daily Herald* essaie bien de répandre de fausses nouvelles, par exemple la destruction de 7 cuirassés anglais dans la Mer du Nord ; mais les Anglais brisent les vitres de sa devanture et, la police japonaise aidant, elle cesse de paraître bientôt. Les Japonais ne pardonnent pas à l'Allemagne, en effet, l'intervention brutale de 1895 en pleine guerre de Chine ; liés par un traité à l'Angleterre, ils ne tarderont pas, me dit-on, à intervenir à leur tour contre elle.

Le départ des mobilisés français, qui vont

s'embarquer le 9 sur l'*Amazone* réquisitionné, se fait au milieu d'un grand enthousiasme. La population japonaise les acclame sur tout le parcours du Consulat au port. Beaucoup d'ailleurs pensent que la guerre sera virtuellement terminée à leur arrivée. Mais c'est un faux départ; des croiseurs allemands tiennent la mer ; le paquebot des mobilisés va s'embosser à Mogi, dernier port de la Mer Intérieure, probablement jusqu'à l'investissement de Kiao-Tchéou.

Pour moi, prenant avec 4 ou 5 Français plus pressés la route d'Amérique, j'attendrai jusqu'au 12 Août le départ du courrier américain le *Siberia*. Et l'esprit plus libre, je profite de ce court loisir pour aller passer les deux jours qui me restent dans le sanctuaire du Japon central, à Nikkô, aux temples merveilleux, étagés aux flancs de la montagne, au milieu des forêts séculaires.

Le 12, je m'embarque sur le *Siberia*, emportant la nostalgie du Japon à peine entrevu, quittant pour l'inconnu de la guerre cet Extrême-Orient dont je n'aurai pu franchir le seuil.

De Yokohama au Havre

dans les premières semaines de la guerre

Vit-on jamais oppositions plus violentes en si petit espace? Le *Siberia* emporte de Yokohama des mobilisés de la plupart des pays belligérants : attachés militaires et navals d'Allemagne et d'Autriche auprès des Cours de Tokio et de Pékin, officiers et diplomates anglais et, côté France, un officier de notre mission du Japon, un de Shanghaï, un de Kouang-Tchéou et trois officiers de réserve.

Bateau bondé : le Commissaire du bord a dû passer quelques heures difficiles pour répartir son monde, tel le nautonier de l'Arche séparant les espèces de sa biblique cargaison.

Grand émoi à bâbord au départ : un méthodiste anglais découvre sur les bagages de son compagnon de cabine un nom germanique; plein d'horreur il commence à déménager; mais tout s'explique à l'arrivée du voyageur : c'est un Mulhousien, officier de réserve français.

Je partage ma cabine avec un officier de lanciers de l'armée des Indes. Après cinq ans de Pendjab il avait obtenu une longue permission pour venir chasser au Canada. La guerre l'a surpris au Japon. Il ne fit d'ailleurs que la moitié de la traversée : aux îles Hawaï un ordre consulaire lui enjoignait de rebrousser chemin sur l'Inde. Je regrette l'aimable compagnon de route qui me faisait entre deux coups de mer, — nous eûmes un typhon au départ — de la stratégie réconfortante : pour lui notre avance en Lorraine et le recul de Belgique était un mouvement tournant merveilleux.

Nous restons strictement entre compatriotes et alliés. Le salon de musique appartient sans conteste aux Français ; les Austro-Allemands se retranchent dans le fumoir. Pas une discussion, pas un incident au cours de la traversée du Pacifique, pas un mot échangé entre les deux camps ennemis ; on se croise à chaque instant dans les étroites coursières sans se voir. Quelques neutres bien intentionnés s'en affligent.

Un Suisse allemand, prospecteur de pétroles à Bornéo, avec qui j'ai causé trois ou quatre jours, entreprend de me mettre en relation avec un immigré d'Alsace ; n'ayant pu obtenir l'assurance qu'il était nettement francophile, je refuse pour éviter toute discussion. Un pasteur américain se met en tête de réconcilier à lui tout seul les nationalités ennemies ; il fait annoncer par le journal du bord, pour le dimanche, une conférence pacifiste suivie d'échange de vues : au jour dit, il reste seul... avec sa conférence et quelques vieilles dames américaines.

Nos adversaires se tiennent cois les premiers jours ; les nouvelles de la T. S. F. leur sont défavorables ; mais fin Août quelques extraits de la presse américaine et anglaise qui nous arrivent leur font redresser la tête et élever la voix. Notre groupe, se rattachant aux communiqués officiels français, fait encore bonne contenance. Mais la traversée, commencée dans l'optimisme enthousiaste, se termine le 27 août dans le malaise.

A San Francisco, c'est la certitude douloureuse. A peine le paquebot à quai, des newspaper boys envahissent le pont et, d'un coup, la réalité apparaît : la marche irrésistible des troupes allemandes à travers la Belgique, Liège emportée d'assaut. Nous débarquons. Il me paraît que la grande cité est plus pleine de rumeurs que l'automne dernier : les rues sont noires de monde, des groupes stationnent devant les magasins qui annoncent les nouvelles de la guerre, et quand les vendeurs, hurlant, distribuent les éditions du soir et que les manchettes énormes annoncent « le Sac de Louvain », « Louvain en flammes », précisément au moment où le soleil d'août se couchant sur le Pacifique enveloppe la cité dans une poussière d'or rougeoyant, il me semble que la foule a la vision de la guerre pourtant si lointaine, et je sens dans ses exclamations la stupéfaction et l'horreur.

Débarqué l'après-midi, je prends le soir l'express de Chicago. Je trouve un réconfort dans la cordialité de ces gens de l'Ouest : dès le premier jour de chemin de fer, on fait connaissance, on sait bientôt qu'il y a un Français en route vers son pays et l'on vient familièrement s'asseoir à côté de moi et s'exprimer en toute franchise. Vu l'ignorance totale des choses d'Europe dans l'Amérique de l'Ouest, la conversation est faite surtout de sentiments et d'impressions : pour l'Allemagne, respect de sa force et de son organisation ; défiance atavique vis-à-vis de l'Angleterre, métropole jadis des colonies américaines, adversaire de 1812, si bien que l'on s'abstient de départager l'Allemagne et l'Angleterre dans leur débat ; sympathie, mêlée de pitié pour la France, — le tout dominé par une désapprobation unanime de la guerre et dans laquelle on englobe tous les belligérants. L'Américain voit dans cette conflagration, qu'il juge inutile, barbare et peu pratique, une preuve nouvelle de l'infériorité des peuples européens et de la supériorité morale et politique des États-Unis.

Au matin du quatrième jour, et comme l'express parcourt déjà les faubourgs de Chicago, un homme monté la veille dans le train, rude farmer de la plaine du Mississipi, s'approche et me dit brusquement : « Je ne « suis pas un homme riche, mais il doit y « avoir de bien pauvres gens chez vous en ce

« moment et c'est grand dommage pour la « France qui est un beau pays ; voudriez-vous « me rendre le service de donner ces quel- « ques dollars au premier malheureux que « vous trouverez en arrivant? »

1er Septembre, New-York. — Le prochain paquebot pour la France ne part que dans cinq jours. Jours cruels. C'est la période du grand recul des armées françaises. La propagande allemande inonde la capitale américaine de ses communiqués, interviews et clichés sensationnels : « La décision est obtenue, l'Allemagne a gagné », voilà ce qu'on lit sur les manchettes des journaux en tête d'une interview de Bernstorff. Les magasins représentent des photographies des 420 « vainqueurs de Liége », traînés par 40 chevaux. A la date où en France on croit encore à l'avance victorieuse de nos troupes, les journaux américains enregistrent les notes pompeuses de l'ennemi, déclarent que partout notre armée est « en déroute » et que la « poursuite » commence de Maubeuge à Belfort. Le *New-York Herald* a tapissé sa façade de cartes immenses où, d'heure en heure, on porte en avant les drapeaux du front allemand ; à tout instant, sur les rouleaux sans fin, les dépêches s'ajoutent aux dépêches, marquant la progression rapide de l'ennemi.

Une foule houleuse se presse aux abords du grand journal. En dépit de l'inscription partout accrochée ici, comme d'ailleurs dans tous les endroits publics à New-York, « Nous sommes pays neutre. Pas de discussion sur la guerre ! » des controverses passionnées éclatent ici le soir à la sortie des bureaux, devant les dépêches et les cartes. Je note parmi les orateurs les plus véhéments des Irlandais anglophobes, des Israélites clamant la barbarie russe, des Germano-Américains soutenant la théorie de la guerre défensive de l'Allemagne encerclée.

Des Austro-Allemands, il y en a partout maintenant à New-York, accourus de tous les points de l'Amérique ; on en voit surtout dans la basse ville, aux abords de leurs Compagnies de navigation et de leurs Consulats ; la mer étant fermée pour eux, la traversée impossible, ils s'entassent là, miséreux et faméliques, attendant, en longues files, des secours et des rations aux cantines en plein vent installées près du port par les soins de leurs Consulats : premier effet du blocus de l'Europe centrale, premier symbole de la perte des routes et marchés du monde, qui doit être pour l'Allemagne la grande expiation.

Un soir, plus attristé encore que de coutume par les mauvaises nouvelles, je reste accoudé à la grille du *Herald*; au haut de la façade un transparent fait luire le dernier télégramme sensationnel : « Paris menacé ne sera pas défendu ». Un passant hâve et râpé s'arrête à côté de moi et murmure en mauvais anglais : « J'ai faim, je n'ai rien mangé depuis hier. » J'ai reconnu son accent et lui demande dans sa langue : « Vous êtes Allemand ? » — « Oui, j'étais à Saint-Paul, je suis revenu sans argent. » — « Je suis Français ».....

Le départ — enfin — est un soulagement. Sur l'*Espagne*, plus de coudoiement pénible, des compatriotes seulement. C'est le deuxième ban des mobilisés, tous de provenance lointaine, ruraux de l'Ouest canadien, dont quelques-uns ont mis dix jours avant de rejoindre la plus proche gare de chemin de fer, pionniers de l'Amérique centrale et équatoriale, par exemple tout le corps d'ingénieurs d'une entreprise française de Bolivie.

Les conversations sont graves. On écoute avec recueillement la lecture des communiqués anglais et français arrivés par la T. S. F. Tous les matins sur le pont, il y a exercice militaire et, fermiers canadiens, « barcelonettes » du Mexique, prospecteurs des Andes, s'efforcent de s'inculquer ou de se remémorer les premières notions de l'école du soldat et de la manœuvre par section. Mais de jour en jour l'anxiété grandit à bord ; l'armée d'invasion a dépassé l'Oise, puis la Marne.

Où sera-t-elle à notre arrivée? et où pourrons-nous aborder? Notre route s'infléchit vers le Sud, vers Bordeaux... Quel soulagement, quelle fête, le soir du sixième jour, quand la T. S. F. du bord transmet le communiqué de 23 heures du 11 septembre, l'irrésistible poussée française, la retraite des forces allemandes !

L'Espagne a repris sa route, monte vers le Nord et entre dans la Manche. Le long retour est terminé : le 13 on débarque au Havre dans une France renaissante, tout étourdie encore de la crise conjurée; et puis, c'est l'éparpillement des passagers. Chacun se hâte vers son régiment depuis si longtemps engagé. Mais les jours mauvais d'Amérique sont passés. L'espoir du début est revenu, et quand nous nous séparons, il nous semble que c'est pour aller aider à conquérir une brève et décisive victoire.

TABLE DES MATIÈRES

430. — Imp. Art. " Lux ", 131, boul. St-Michel, Paris.

P. 133.

PUBLICATIONS GÉOGRAPHIQUES

VOYAGES, EXPLORATIONS

Les Maures et l'Esterel, par **P. Foncin**. Un vol. in-18, *28 gravures*, 3 cartes *hors texte*, relié toile. . . . . . . **3 fr. 50**

« M. Foncin a trouvé le moyen de parler de l'Esterel en géologue, en historien, en géographe, en artiste. A aucun moment il n'a oublié d'être clair et vivant. L'image illustre ce volume déjà remarquable par le charme du style, et en fait un merveilleux guide pour le voyageur. » (*L'Opinion.*)

Terres françaises (*Bourgogne, Franche-Comté, Narbonnaise*), par **W. Morton Fullerton**. Un vol. in-18, broché. . . . **3 fr. 50**

Ouvrage couronné par l'Académie française, Prix Marcelin Guérin, et par la Société de Géographie commerciale de Paris.

« Il s'est trouvé parfois des écrivains étrangers pour bien comprendre et aimer la France : je ne sais pas si l'un d'eux l'avait jamais « sentie » aussi vivement, pleinement, intimement. Ces descriptions de nos villes et provinces seront pour beaucoup de lecteurs une révélation. L'auteur sait nous insinuer doucement ses façons de voir et d'expliquer, par un subtil mélange d'humour anglais, de précision américaine, de grâce et comme de câlinerie française. » (*La Revue de Paris.*)

« En retraçant, sans prétention, les impressions d'un voyage accompli dans une partie de la France, M. W. Morton Fullerton, qui est de nationalité américaine, nous a donné une œuvre vraiment intéressante, d'une saveur originale et pénétrante..... Les lecteurs français trouveront beaucoup de charme à ce livre et les touristes le consulteront comme un guide précieux. » (*Revue de Géographie.*)

Espagnols et Portugais chez eux, par **M. Quillardet**. Un volume in-18, broché. . . . . **3 fr. 50**

« Ce sont les notes de voyage d'un écrivain infiniment consciencieux et curieux qui regarde attentivement et avec un sens aigu du pittoresque tout ce qu'on lui montre, et s'arrange de façon à pénétrer ce qu'on lui dissimule. Aussi a-t-il vu bien des choses amusantes, inédites et instructives, qu'il nous rapporte dans des pages alertes, sincères et vivantes. » (*Le Figaro.*)

Suédois et Norvégiens chez eux, par **M. Quillardet.** Un volume in-18 (3e ÉDITION), broché . . . . 3 fr. 50

Ouvrage couronné par l'Académie française, Prix de Joest.

« Livre plein de faits et d'idées qui seront le plus souvent pour le lecteur français des révélations. Le pays, le « monde », les classes sociales, la vie agricole, les pêcheries, le commerce et l'industrie, la vie religieuse et intellectuelle, la littérature, la femme, la politique : en neuf chapitres nous savons de deux peuples, qui se ressemblent si peu entre eux, tout ce qu'un étranger peut savoir. Et n'allez point croire que M. Quillardet, si informé, si documenté, soit ennuyeux; il y a au travers de ses récits une lumière légère qu'on poursuit avec plaisir jusqu'à la fin. » (*Le Temps.*)

Le Monde polaire, par **Otto Nordenskjöld.** Traduit du suédois par GEORGES PARMENTIER et MAURICE ZIMMERMANN. Préface du Docteur JEAN CHARCOT. Un volume in-18, 30 planches de *cartes et de gravures* hors texte, broché. . . . . 5 fr.

Le livre du savant explorateur n'est pas un travail d'érudition, mais une œuvre d'excellente vulgarisation qui se recommande non seulement par la valeur de la documentation, la sûreté de l'observation, l'originalité des solutions proposées aux problèmes de la glaciation, de la géologie et de la météorologie, mais aussi par la hardiesse des généralisations et la saveur des anecdotes personnelles. L'auteur traite non seulement des régions proprement polaires, mais encore de tous les territoires voisins dans chacun des deux hémisphères : Groënland, Islande, Spitzberg, Amérique arctique, Sibérie, Europe du Nord-Ouest.

De curieuses photographies et quatorze cartes illustrent cet ouvrage, que le Dr Jean Charcot, le célèbre explorateur, a bien voulu présenter aux lecteurs français.

La Grèce d'aujourd'hui, par **Gaston Deschamps.** Un vol. in-18 (12e ÉDITION), broché.. . . . . 3 fr. 50

Ouvrage couronné par l'Académie française.

« Ce livre de M. Gaston Deschamps sur la *Grèce d'aujourd'hui* est un livre délicieux où la description des pays helléniques, les souvenirs de l'antiquité, la peinture de la société grecque moderne se mêlent sans se nuire, où l'on trouve de l'esprit, de la poésie, du pittoresque et aussi des vues philosophiques et historiques qui, pour n'être pas pédantes, n'en sont pas moins très sérieuses. » (*Revue Historique.*)

Sur les routes d'Asie, par **Gaston Deschamps.** Un volume in-18 (3e ÉDITION), broché. . . . . 3 fr. 50

« M. Gaston Deschamps a réuni dans ce volume une suite d'impressions qu'il a recueillies dans un voyage commencé au Pirée et terminé vers la Pisidie après avoir visité l'île de Chio et les villes qui bordent l'ouest de l'Asie Mineure. Très apte par sa nature et ses études à dégager l'intérêt de toutes choses sur un pareil terrain, l'auteur sait s'arrêter aux bons endroits, et c'est un utile plaisir que l'on goûte en sa compagnie pendant cette belle excursion. » (*Le Figaro.*)

Au Pays russe, par **Jules Legras**. Un volume in-18 (5e Édition), broché . . . . **3 fr. 50**

Ouvrage couronné par l'Académie française, Prix Montyon, et par la Société de Géographie commerciale de Paris.

« L'auteur a parcouru les steppes, de la Baltique à la Mer Noire. La désolation de ce morne pays, ses mœurs encore sauvages en tant de points, mais aussi sa physionomie pittoresque mal connue jusqu'à présent, et surtout ses ressources infinies, tout cela est expliqué et dépeint par l'enquêteur perspicace et consciencieux. » (*Le Figaro.*)

« Observateur sagace, impartial et profondément doué, M. Legras joint à ces qualités une connaissance parfaite de la langue russe. Il a su pénétrer dans toutes les couches sociales et le tableau qu'il présente de la vie russe est assurément l'un des plus saisissants et des plus véridiques de tous ceux que les écrivains de l'Europe occidentale ont pu produire sur ce vaste pays. » (*Société de Géographie.*)

En Sibérie, par **Jules Legras**. Un volume in-18, *22 gravures* et *1 carte en couleur hors texte.* (3e Édition), broché. . . . **4 fr.**

« Dans un récit suivi, plein d'animation, d'anecdotes et de bonne humeur, M. Jules Legras nous montre la physionomie de l'Asie russe. La connaissance de la langue l'a mis à même de pénétrer partout et de nous rapporter aussi bien les confidences d'un matelot, d'un paysan et d'un galérien que les idées d'un gouverneur. Ce mélange d'impressions si variées, rencontres affligeantes ou grotesques, aventures, incidents de toute espèce, donne un intérêt vivant à cet ouvrage. » (*Le Temps.*)

Le Turkestan Russe, par **A. Woeikof**, professeur honoraire à l'Université de Saint-Pétersbourg. Un volume in-8° carré de XVI-364 pages, avec *16 planches de reproductions photographiques 1 carte en noir hors texte*, et 8 graphiques et schémas dans le texte, broché. . . . . **8 fr.**

Le célèbre géographe russe, A. Woeikof, donne dans cet ouvrage une étude d'ensemble sur le Turkestan Russe. Le sol, le climat, la végétation, l'homme, tous les facteurs de la géographie physique et humaine, sont passés en revue en des chapitres substantiels, sobres et précis. Puis, après avoir promené le lecteur à travers les diverses régions du Turkestan, l'auteur aborde la question des ressources économiques du pays appelé à devenir, grâce aux irrigations, un des premiers producteurs de céréales et de coton du monde entier.

Par sa documentation de premier ordre, ce livre constitue une excellente monographie géographique. La valeur documentaire et l'intérêt s'en trouvent encore accrus par une illustration de choix qui éclaire le texte et l'anime.

La Perse d'aujourd'hui (*Iran, Mésopotamie*), par **Eugène Aubin**. Un volume in-18, 450 pages, *1 carte en couleur hors texte*, broché. . . . . **5 fr.**

« Ce livre est d'un intérêt très vif, d'autant plus vif que les notes sont prises à un moment émouvant de l'histoire persane, alors que la vieille Perse achève de mourir et qu'une nouvelle est en train de naître. » (*Le Figaro.*)

« On trouve dans cet ouvrage, à côté de chapitres d'histoire intérieure et diplomatique, une foule de curieux renseignements sur les croyances religieuses, sur les mœurs et les usages, sur les villes saintes de l'Iran. Aussi convient-il de le recommander à tous ceux qui s'intéressent à l'évolution actuelle de l'Asie, comme une source de première importance et qui, au mérite d'une abondante documentation, joint celui d'une exposition remarquable par sa précision, sa lucidité et son agrément. » (*Polybiblion.*)

Le Tibet. *Le pays et les habitants*, par **F. Grenard** (*Mission Dutreuil de Rhins*). Un fort vol. in-18, avec *1 carte en couleur*, broché. . . . . 5 fr.

« Dans cet ouvrage, M. Grenard résume d'abord l'exploration qu'il fit avec Dutreuil de Rhins ; il donne ensuite une « vue d'ensemble sur le Tibet et ses habitants », sur leurs mœurs et coutumes, la vie économique, etc. La curiosité politique et sociale de M. Grenard le distingue très nettement de tant d'explorateurs qui nous ont seulement rapporté des renseignements géographiques. Aussi lira-t-on son livre avec le plus grand intérêt et le plus grand profit. » (*Le Journal des Débats.*)

Les Royaumes des Neiges (*États Himalayens*), par **Charles-Eudes Bonin.** Un volume in-18, *3 cartes* dans le texte, *16 planches* de reproductions photographiques *hors texte*, broché. 4 fr.

« Si l'Inde nous est assez connue, nous n'avions jusqu'ici aucun ouvrage d'ensemble sur les pays himalayens. M. Bonin, chargé de deux importantes missions dans l'Asie centrale, a pu les étudier mieux que personne. Il a condensé, ici, des renseignements nombreux et inédits non seulement sur la géographie, les mœurs ou la religion, mais sur l'histoire, qui n'avait pas encore été écrite, de ces mystérieuses régions. »

(*Le Correspondant.*)

« L'auteur de ce volume est un voyageur bien connu de tous ceux qui s'intéressent aux choses d'Asie. Il a voulu, non pas seulement communiquer ses impressions, mais nous exposer les multiples renseignements qu'il a recueillis sur les régions himalayennes. Son livre a sa place bien indiquée dans les bibliothèques ayant trait au vieux Continent asiatique. »

(*Bulletin de la Société de Géographie commerciale de Paris.*)

Les Chinois chez eux, par **E. Bard.** Un volume in-18 *12 planches hors texte* (6e Édition), broché.. . . . . 4 fr.

« M. Bard n'est pas un savant de bibliothèque, c'est un homme d'action, un commerçant qui a rendu d'excellents services à notre colonie de là-bas, qui parle plus volontiers de ce qu'il sait que du reste et qui en parle simplement, clairement et avec méthode. Il a vu la Chine, a vécu parmi les Chinois, a fait des affaires avec eux... De ses investigations diverses, il a tiré un bon livre, rempli de faits, écrit sobrement, avec précision, où il nous présente une Chine vraie, peuplée d'hommes véritables, et non pas cette Chine baroque à laquelle on nous avait habitués. »

(Grenard. — *Bulletin de la Société de Géographie commerciale de Paris.*)

Au Japon et en Extrême-Orient, par **F. Challaye**. Un vol. in-18, broché. . . . . 3 fr. 50

« En observateur curieux, attentif et jeune, M. Félicien Challaye nous rapporte des vues tout à fait originales et fécondes sur la façon dont la civilisation européenne a modifié celle du Japon sans entamer en rien les traditions du vieux Nippon. » (*Le Figaro.*)

« Cet ouvrage, très finement senti, plein de vues personnelles et pénétrantes, est un des plus suggestifs qu'un Français nous ait depuis longtemps rapporté d'Extrême-Orient. » (*Le Journal des Débats.*)

L'Indochine française, par **Henri Russier**, inspecteur des écoles en Cochinchine, et **Henri Brenier**, inspecteur conseil p. i. des services agricoles et commerciaux de l'Indochine. In-18, *56 gravures* dans le texte, *4 cartes* en couleur *hors texte*, br. 4 fr.

Ouvrage couronné par la Société de Géographie de Paris.

« Avec le grand nombre d'images qui l'illustrent, c'est un livre d'un très vif intérêt où sont étudiés en des pages précises, alertes, pittoresques à l'occasion, le pays, les habitants, la mise en valeur, l'organisation politique et administrative de l'Indochine. » (*Le Figaro.*)

« Les plus authentiques renseignements et les plus importants ouvrages ont été mis à profit pour établir ce manuel clairement présenté et habilement distribué. Le lecteur, même non initié, trouvera dans ces pages l'indispensable et le suffisant. Comme vue d'ensemble sur le sujet, il serait difficile d'en trouver une plus attrayante. » (*Le Correspondant.*)

Le Siam et les Siamois, par le Commandant **E. Lunet de Lajonquière**. Un vol. in-18 de 360 pages, broché. . . . 3 fr. 50

Ouvrage couronné par l'Académie française, Prix Montyon.

« L'auteur, qui a été chargé de mission au Siam, nous donne une étude utile sur ce royaume asiatique qui doit nous intéresser doublement, puisqu'il est avec la Chine le seul état encore indépendant de l'Extrême-Orient et qu'il est proche de notre Indochine. Après de précises généralités sur l'organisation de l'État, sur les Siamois et les étrangers, nous trouvons en cet ouvrage le récit minutieux d'un voyage de Bangkok à Rahong par la vallée du Menam et du Meping, puis à travers les montagnes jusqu'à Rangoon. Travail consciencieux, nourri de renseignements et d'anecdotes. »

(*La Revue de Paris.*)

Java et ses habitants, par **J. Chailley-Bert**. 4e ÉDITION, *revue et mise à jour (1914), augmentée de 147pages*. Un vol. in-18, broché. . . . . 5 fr.

M. Chailley-Bert, dont la compétence dans les questions économiques ou coloniales est unanimement reconnue, publie une nouvelle édition, revue et augmentée de ce livre, qui, à son apparition, il y a quelque quinze ans, reçut auprès des spécialistes comme auprès du grand public l'accueil le plus flatteur.

Le fond de l'ouvrage n'a pas été remanié, du moins dans ses parties essentielles. Mais, dans une Introduction de 147 pages, l'auteur reprend chacun des problèmes précédemment exposés. Toutes les questions de nature à mériter l'attention des peuples qui possèdent des colonies sont reprises et rajeunies dans cette quatrième édition qui fait de cet ouvrage un livre entièrement neuf..

Otahiti : *Au pays de l'éternel Été.* Impressions de voyage, par **Henri Lebeau**. Un volume in-18, broché . . . . 3 fr. 50

Ouvrage couronné par l'Académie française, Prix Montyon.

« Parmi tant de souvenirs de voyages, publiés ces derniers temps, aucun auteur n'avait encore traité de l'Océanie française. Aussi ce récit d'une visite faite en Polynésie, au cours d'un voyage autour du monde, dans ce « pays de l'éternel été », est-il une révélation sur la petite colonie océanienne. Ce sont là, d'ailleurs, plus que des tableaux de nature et de vie tahitienne. L'auteur a su pénétrer l'âme indigène et nous présente le contraste saisissant qui se révèle entre la nature splendide de l'île et la pitoyable décadence de la race qui achève d'y mourir dans un cadre d'idylle tropicale. »

(*La Revue.*)

En Haïti : *Planteurs d'autrefois, Nègres d'aujourd'hui*, par **Eugène Aubin.** Un fort volume in-18, *32 phototypies* et *2 cartes en couleur hors texte*, broché. . . . . 5 fr.

« Dans un cadre magnifique, M. Eugène Aubin a eu sous les yeux une suite ininterrompue de manifestations populaires d'une incomparable étrangeté qui se produisaient sous des formes dont l'origine africaine se trouvait influencée par notre culture et par notre histoire. Rien de plus curieux, de plus émouvant que ce mélange disparate. M. Eugène Aubin le retrouve partout dans ce voyage prestigieux dont il nous fait partager les émotions et l'agrément en des pages alertes, documentées, semées de belles et pittoresques images. »
(*Le Figaro.*)

Une Mission française en Abyssinie, par **Sylvain Vignéras.** Un volume in-18, avec *60 photographies*, broché. 4 fr.

« Ce livre, qui n'a d'autre prétention que d'être un *journal de route*, contient mille observations précieuses, fidèlement notées, qui laissent une impression très nette de la nature de la région que l'auteur a parcourue. »
(*Le Temps.*)

Impressions d'Égypte, par **Louis Malosse.** In-18, br. 3 fr. 50

« Cet ouvrage se divise en deux parties : l'une qui est purement narrative et descriptive; l'autre, où l'auteur étudie l'état moral et politique du pays... Ces pages, pleines d'informations exactes, méritent d'être lues. »
(*Le Temps.*)

Le Maroc d'aujourd'hui, par **Eugène Aubin.** In-18 de 500 pages, avec *3 cartes en couleur hors texte* (8e Édition), br. . . . . . 5 fr.

Ouvrage couronné par la Société de Géographie commerciale de Paris.

« M. Eugène Aubin a eu la bonne fortune de séjourner, au cours de ces dernières années, à Tanger, à Marrakech, à Fez; il nous explique dans cet ouvrage l'organisation du gouvernement marocain et le mécanisme de la vie marocaine... Il y a plaisir à le lire, parce qu'il nous présente les faits selon une heureuse méthode, et que la recherche de l'exactitude n'empêche pas l'auteur d'avoir le souci de la clarté... Ce livre exact est aussi un livre agréable, et par là il participe d'une tradition très française. »
(*Journal des Débats.*)

Voyages au Maroc (1899-1901), par le **Mis de Segonzac**, avec *178 photographies*, dont *10 grandes planches hors texte* (20 panoramas en dépliants), *1 carte en couleur hors texte* et de nombreux appendices. Un vol. in-8° de 400 pages, broché . 20 fr.
Relié demi-chagrin, tête dorée. . . . . 27 fr.

Ouvrage couronné par l'Académie française, Prix Furtado, et par la Société de Géographie de Paris.

« En trois explorations successives, de 1899 à 1901, le marquis de Segonzac a visité, sous le déguisement d'un mendiant musulman, les régions les moins abordables du Maroc. Son ouvrage, rédigé dans la forme d'un journal de route, mais sans sécheresse, a la précision d'un document scientifique en même temps qu'il donne dans de sobres descriptions une vive impression des choses vues, et qu'il doit à son style chaud et coloré un véritable charme littéraire. » (*Revue de Géographie.*)

Dahomé, Niger, Touareg : *Notes et récits de voyage*, par le **Général Toutée**. Un volume in-18 jésus, avec *1 carte hors texte* (4ᵉ ÉDITION), broché . . . . 4 fr.

Ouvrage couronné par l'Académie française, Prix Montyon, et par l'Académie des Sciences, Prix Delalande-Guérineau.

« On sait que parti de Kotonou en décembre 1894 avec la mission de relier le Dahomey français au Niger, l'auteur, à travers des obstacles et des difficultés sans nombre, put remonter le Niger jusqu'à Farka, dépendant du Cercle de Tombouctou ; puis le redescendit jusqu'à son embouchure, démontrant ainsi que le Niger moyen était navigable. On trouvera dans ce livre le récit de cette exploration si féconde en résultats, et de cette mission si bien remplie. » (*Revue des Deux Mondes.*)

Du Dahomé au Sahara : *La Nature et l'Homme*, par le **Général Toutée**. In-18, *1 carte en couleur* (3ᵉ ÉDITION), br. . . 3 fr. 50

Ouvrage couronné par l'Académie française, Prix Montyon.

« Dans *Dahomé, Niger, Touareg*, l'auteur nous a raconté avec un grand charme de gaîté tous les incidents pittoresques de son exploration. Le présent volume est d'un ordre tout différent : c'est une étude grave, riche d'informations et d'idées, qui permettra au public français d'apprécier l'avenir économique du Soudan, en le renseignant sur le degré de civilisation des indigènes, sur la qualité du sol et la nature de ses productions. »

(*La Revue de Paris.*)

Sahara soudanais, par **R. Chudeau**, chargé de mission en Afrique Occidentale française. Un vol. in-8° raisin, *83 figures et cartes* dans le texte et *hors texte*, dont *1 carte en couleur*, *72 phototypies et 2 photogravures hors texte*, broché...... 15 fr.

Ouvrage couronné par l'Académie des Sciences, Prix Saintour.

« Après avoir vu par lui-même, M. R. Chudeau n'a pas négligé les renseignements qu'il a pu recueillir ailleurs. Ce livre très intéressant constitue un exposé aussi complet que possible de nos connaissances actuelles sur la géographie, au sens le plus large du mot, de la région saharienne. »

(*La Revue Scientifique.*)

Les Sociétés primitives de l'Afrique équatoriale, par le docteur **Adolphe Cureau**, gouverneur honoraire des Colonies. Un volume in-8° écu, XII-420 pages, *9 figures* dans le texte, *18 planches* et 1 carte *hors texte*, broché. . . . . 6 fr.

« Les intérêts de la science et ceux de la colonisation sont également en jeu dans les études de ce genre sur les sociétés primitives. Savant et fonctionnaire, le docteur Cureau songe aux uns et aux autres et le livre qu'il écrit sur les peuplades de l'Afrique équatoriale, — qu'il connaît pour les avoir observées et maniées, — est un livre destiné à intéresser quiconque a le souci aussi bien des problèmes philosophiques que soulève le passé de l'humanité que des problèmes pratiques où est engagé son avenir. »

(*Revue de Paris.*)

« Intéressante et utile contribution à l'étude des races primitives, conduite avec une méthode toute scientifique, où sont résumées de longues années d'observation. Ce travail offrira des documents précieux, tant aux coloniaux qu'aux sociologues, aux philosophes et aux historiens des religions. »

(*Correspondant.*)

ATLAS. — CARTES

Atlas général Vidal-Lablache *historique et géographique.* par **P. Vidal de la Blache**, membre de l'Institut, professeur à l'Université de Paris. — NOUVELLE ÉDITION **mise à jour et regravée** : 420 cartes et cartons en couleur; Index alphabétique de 46000 noms, augmenté d'un supplément de 3500 noms. — Un vol. in-folio (38^c × 29^c) : avec reliure amateur, **40** fr; — relié toile. **30** fr.

Couronné par la Société de Géographie de Paris, Prix Barbié du Bocage.

« Il n'existe pas à notre connaissance d'atlas qui, jusqu'ici, ait réuni, sous une forme aussi claire et à un prix aussi minime, une aussi grande abondance de notions de tout genre. »

(GABRIEL MONOD. — *Revue Historique.*)

« L'Atlas Vidal-Lablache, excellent instrument d'étude, le meilleur que nous connaissons, est encore un ouvrage de renseignements et de rajeunissement de souvenirs que tout homme cultivé, quelle que soit sa profession, doit avoir sous la main. » (*Revue scientifique.*)

« C'est une œuvre admirablement organisée, dont le mérite demeurera, et qui, aussi fouillée que bien exécutée, fait le plus grand honneur à l'éditeur et à l'auteur. » (*Literarische Rundschau.*)

Atlas des Colonies françaises, dressé par ordre du Ministère des Colonies, par **Paul Pelet**. *27 cartes* (62^c × 42^c) et *50 cartons* en *8 couleurs* avec texte explicatif de 78 pages et Index alphabétique de 34000 noms. Un vol. in-folio colombier (42^c × 33^c), relié toile. . . . . *net.* **30** fr.

Ouvrage couronné par l'Académie des Sciences morales et politiques et par la Société de Géographie de Paris, Prix P.-F. Fournier.

« M. Pelet traite avec le même souci de vérité scientifique les territoires dits « étrangers » et ceux que les Français revendiquent en maîtres; et les cartes qu'il nous donne prennent ainsi un intérêt général et un caractère esthétique dont nous lui sommes reconnaissants. Chaque carte, en particulier, mérite d'être signalée dans l'*Atlas* et d'être louée pour la précision et la clarté du dessin et de la nomenclature, pour la belle ordonnance du travail, pour tous les renseignements complémentaires qui ont été fournis sans trop charger la feuille. A tous égards, l'*Atlas* de M. Pelet doit être cité en modèle pour la probité scientifique et la belle exécution du travail. »

(Elisée RECLUS. — *La Revue.*)

Carte de la Chine *physique et politique*, au 1 : 5000000, par **F. Bianconi**, ingénieur géographe, auteur des Cartes commerciales universelles (83^c × 66^c). Prix *net*. . . . . **2** fr.

Carte du Cours de l'Amazone (depuis l'Océan jusqu'à Manaos) et de *La Guyane Brésilienne*, au 1 : 2000000, dressée par **Paul Le Cointe**. Une carte *en couleur* (1^{m}25 × 65^c) dans une pochette, avec notice explicative . . . . **10** fr.

Montée sur toile, avec gorge et rouleau . . . . **15** fr.

GÉOGRAPHIE GÉNÉRALE. — GÉOLOGIE. SÉISMOLOGIE

Traité de Géographie physique (*Climat - Hydrographie - Relief du sol - Biogéographie*), par **Emm. de Martonne**, chargé de cours de géographie à l'Université de Paris. — DEUXIÈME ÉDITION, revue et augmentée. — Un volume in-8° raisin, XII-920 pages, 400 figures et cartes, *52 planches* photographiques *hors texte* et *2 grandes cartes en couleur hors texte*, broché. . . . . **22 fr. »**

Relié demi-chagrin, tête dorée . . . . **28 fr. 50**

Ouvrage couronné par l'Académie des Sciences, Prix Binoux, et par la Société de Géographie de Paris, Prix P.-F. Fournier.

« Le remarquable ouvrage de M. de Martonne offre au public instruit le moyen de suivre les publications géographiques de jour en jour plus nombreuses et plus scientifiques, aux spécialistes un livre général devenu indispensable. »

(*La Revue de Paris.*)

« Il n'existait pas jusqu'ici d'ouvrage embrassant tout ce qu'on est convenu d'appeler géographie physique. Ce *Traité* rendra de grands services non seulement aux géographes spécialisés, mais aussi aux étudiants et aux personnes de plus en plus nombreuses qui s'intéressent aux recherches géographiques et qui ont besoin d'un guide sûr et éclairé. »

(PH. GLANGEAUD. *Revue générale des Sciences.*)

« Le *Traité* de M. Emm. de Martonne répond à toutes les exigences de l'érudition contemporaine. L'auteur a non seulement tenu compte des derniers progrès que les recherches géographiques ont réalisés, mais encore il a introduit dans son ouvrage les résultats d'études et de réflexions qui lui appartiennent en propre... Aucun ouvrage publié jusqu'à ce jour en Europe, n'a plus complètement mis en lumière le principe de l' « évolution » du modelé. La partie morphologique est ainsi placée sur une base nouvelle répondant tout à fait à l'état présent de la science... On ne saurait trop louer les nombreuses et excellentes figures, les remarquables schémas à trois dimensions, le grand nombre de cartes nouvelles et les belles photographies hors texte que renferme l'ouvrage. L'illustration de ce Traité l'emporte incontestablement sur celle de tous les ouvrages similaires... On doit féliciter la science française pour l'apparition d'une œuvre aussi importante. »

(J. CVIJIĆ. *Annales de Géographie.*)

L'Architecture du Sol de la France. *Essai de géographie tectonique*, par le **Comm^t O. Barré**. Un vol. in-8°, *189 figures* dont *31 planches hors texte*, broché. . . . . **12 fr.**

Ouvrage couronné par la Société de Géographie de Paris, Prix Barbié du Bocage.

« Voici un gros volume bien géologique de fond et de forme, mais qui se lit clairement, à la française, éclairé qu'il est par de nombreux croquis et des panoramas d'un genre tout nouveau... Ceci suffit à faire vivre un livre, et ceux que les termes géologiques pourraient effrayer n'ont qu'à regarder pour comprendre... La science du Commandant Barré, qui a professé pendant de longues années à l'École d'application de Fontainebleau, n'est plus à apprécier. Il a laissé une trace profonde dans l'esprit de ses auditeurs, et l'ouvrage qu'il publie aujourd'hui est le fruit mûr d'une forte floraison. »

(*Revue de Géographie.*)

Traité de Géologie, par **Émile Haug**, professeur à la Faculté des Sciences de l'Université de Paris :

TOME I. **Les Phénomènes géologiques.**

538 pages, *195 figures et cartes, 71 planches hors texte.*

Un volume in-8° raisin, broché. . . . . **12** fr. **50**
Relié demi-chagrin, tête dorée . . . . **19** fr. »

TOME II. **Les Périodes géologiques.**

1 488 pages, *291 figures et cartes, 64 planches hors texte.*

En trois fascicules in-8° raisin, brochés . . . . **30** fr. »
En deux volumes in-8° raisin, reliés demi-chagrin, tête dorée (ne se vendant pas séparément) . . . . **44** fr. »

Les trois fascicules composant le Tome II sont vendus séparément brochés :
1er Fascicule. . . . . **9** fr. ; — 2e Fascicule. . . . . **10** fr. ; — 3e Fascicule. . . . . **11** fr.

« Le *Traité de Géologie* de M. Haug sera de la plus grande utilité à tous ceux qui voudront connaître ce qu'on sait aujourd'hui du passé de notre planète ; il est conçu sur un plan qui en fait une œuvre tout à fait originale, et, pour les nombreuses illustrations qui accompagnent le texte, l'éditeur doit être loué d'avoir si bien secondé l'auteur dans la confection d'un ouvrage parfait, dont le succès s'est affirmé dès le premier jour. »
(*Revue générale des Sciences.*)

« Ce livre est tel qu'on pouvait l'attendre du savant professeur de la Sorbonne. On en appréciera les qualités intrinsèques, et quand le lecteur, presque sans s'en apercevoir, sera arrivé à la fin du volume, il constatera qu'il a beaucoup appris. » (*Revue scientifique.*)

« En ce moment où s'ébauchent de plus en plus nettement les grandes synthèses géologiques, cet ouvrage sera un des instruments de travail nécessaires pour quiconque s'intéresse à la géologie. »
(*Revue de l'Enseignement des Sciences.*)

« C'est une œuvre considérable ; et l'on ne saurait traiter ces questions avec une compétence plus autorisée, avec une clarté plus nette et une force de démonstration plus décisive. Les reproductions photographiques mettent en évidence les aspects particuliers à quelques-unes des plus importantes formations géologiques. » (*Journal des Débats.*)

Géologie pratique et *Petit Dictionnaire technique des termes géologiques les plus usuels*, par **L. de Launay**, membre de l'Institut, ingénieur en chef des Mines, professeur à l'École supérieure des Mines. Un volume in-18 (2e ÉDITION), broché . . . . **3** fr. **50**

« C'était un livre à faire. Écrite par un professeur de la valeur de M. de Launay, on peut dire que cette *Géologie pratique* est une bonne fortune. Les applications de la géologie sont nombreuses en effet, et tout le monde a besoin de les connaître. Cet ouvrage sera dans toutes les mains, parce qu'il répond à un besoin de chaque jour. » (*Journal des Débats.*)

« Pleine de conseils sages et judicieux dictés par un savoir remarquablement étendu, la *Géologie pratique* de M. de Launay ne peut que faire mieux comprendre l'intérêt de la science géologique, son utilité immédiate et sa portée philosophique. » (*Polybiblion.*)

La Science géologique : *ses Méthodes, ses Résultats, ses Problèmes, son Histoire*, par **L. de Launay**. **DEUXIÈME ÉDITION, revue et augmentée d'un index alphabétique**. Un volume in-8° raisin, 75 pages, 53 *figures* dans le texte et 5 *planches en couleur hors texte*, broché . . . . **20 fr.**
Relié demi-chagrin, tête dorée. . . . . **25 fr.**

« Ce nouveau travail considérable du savant professeur de géologie doit être défini « la synthèse et la philosophie des connaissances géologiques au début du xxe siècle ». Les géologues le placeront, dans leur bibliothèque, entre le *Traité* de M. de Lapparent et la *Face de la Terre* de Suess... L'élégance du style et la clarté d'exposition de M. de Launay rendent son ouvrage accessible à tous, d'une lecture aussi pratique qu'attrayante. » (*La Géographie.*)

« L'auteur a fait sortir la géologie du domaine étroit où les spécialistes la confinent, pour mettre en valeur sa portée générale et la faire entrer dans le cadre plus vaste de la philosophie naturelle. Cette étude puissante et originale n'a pas d'équivalent parmi tous les livres publiés sur ce sujet. »
(*Journal des Débats.*)

La Face de la Terre (*das Antlitz der Erde*), par **Ed. Suess**, Associé étranger de l'Institut de France, ancien professeur de géologie à l'Université de Vienne. Traduit de l'allemand et annoté sous la direction de Emm. de Margerie.

Traduction couronnée par l'Académie des Sciences, Prix Victor Raulin.

Tome I. — **Les Montagnes**. In-8° raisin, xv-835 pages, *2 cartes en couleur* et *122 figures*, dont 76 exécutées pour l'édit. française (3e Édition), br. **20 fr.**

Tome II. — **Les Mers**. In-8° raisin, 878 pages, *2 cartes en couleur* et *128 figures*, dont 85 exécutées pour l'édition française (2e Édition), br. . . . . . . **20 fr.**

Tome III. — **La Face de la Terre** :

1re Partie. In-8° raisin, xii-530 pages, *8 cartes* et *94 figures*, dont 67 exécutées pour l'édition française, br. . . . . **15 fr.**

2e Partie. In-8° raisin, xii-426 pages, *2 cartes en couleur* et *124 figures*, dont 101 nouvelles (89 exécutées spécialement pour l'édit. française), br. **12 fr.**

3e Partie. In-8° raisin, xii-404 pages, *1 carte en couleur*, *2 planches* et *92 figures*, dont 80 exécutées spécialement pour l'édition française, br. **12 fr.**

(Le Tome III et dernier comprendra 4 parties.)

« C'est l'honneur de M. de Margerie de s'être fait, au prix d'un labeur que ceux-là seuls peuvent apprécier qui l'ont suivi de près, l'ordonnateur vigilant et infatigable de cette traduction à laquelle ont collaboré les meilleurs géologues de notre pays.... Une véritable encyclopédie, d'une sûreté sans égale, se dissimule sous ces pages où les vues du maître ont été conservées dans toute leur fraîcheur, avec un respect complet de la forme, souvent presque poétique, dont M. Suess avait eu l'art de les revêtir. » (*La Géographie.*)

« Les traducteurs ont rendu la pensée du maître avec une fidélité qui lui laisse à la fois sa précision et sa poésie ; ils l'ont respectée aussi en ce sens qu'ils se sont interdit tout commentaire critique. Mais des notes brèves et discrètes indiquent en quelle mesure les vues de l'auteur émises il y a 12 ans ont été confirmées, en quelle mesure contredites ou ébranlées par les explorations plus récentes. Tout ce travail de recherche et de mise au point donne à l'édition française — l'on dira plus justement *édition* que *traduction* — son originalité et son prix aux yeux des travailleurs. L'œuvre à laquelle reste attaché le nom de M. de Margerie fait honneur à la science française. »
(*Revue critique.*)

Les Tremblements de Terre (*Géographie Séismologique*), par le Comte **F. de Montessus de Ballore**, ancien élève de l'École polytechnique, directeur du Service séismologique de la République du Chili; avec une préface de A. DE LAPPARENT, membre de l'Institut. Un vol. in-8° raisin de 500 pages, avec *89 cartes et figures* dans le texte et *3 cartes hors texte*, broché. . . . **12** fr.

Couronné par la Société de Géographie de Paris. Prix Louise Bourbonnaud.

« Avec autant de patience que de discernement, l'auteur a catalogué et marqué sur des cartes tous les phénomènes séismiques authentiquement enregistrés, en leur appliquant un figuré en rapport avec la fréquence et l'intensité des secousses. Cette monographie du phénomène, il l'a mise en rapport constant avec la structure géologique et la topographie des contrées correspondantes, et ce rapprochement lui a permis de formuler une loi de première importance... Ce sont les éléments de son enquête qu'il nous met sous les yeux dans ce grand ouvrage. On verra que nul n'a plus consciencieusement étudié que l'auteur la répartition des régions instables à travers le globe, que nul n'a dépouillé avec plus de soin tous les documents scientifiques ayant trait aux pays considérés. » (A. DE LAPPARENT. — *Extrait de la Préface.*)

La Science Séismologique (*Les Tremblements de Terre*), par le Comte **F. de Montessus de Ballore**. Préface par ED. SUESS, Associé étranger de l'Institut de France. Un volume in-8° raisin de 590 pages, avec *185 figures et cartes* dans le texte et *32 planches hors texte*, broché . . . . **16** fr.

« Ce nouveau volume traite de la séismologie sous tous ses aspects, et est à la fois l'ouvrage le plus vaste et qui fait le plus autorité en cette matière. M. de Montessus est un lecteur insatiable et méthodique des ouvrages de science; et, en plus des trois langues principales du monde savant, il a la ressource de savoir en lire plusieurs autres, notamment l'italien, l'espagnol et le russe. C'est à ce fait, autant qu'à la longue durée de la période pendant laquelle il a réuni les données, qu'est due la vaste portée de son ouvrage. »

(*The Journal of Geology. — Chicago.*)

La Sismologie moderne (*Les Tremblements de Terre*), par le Comte **F. de Montessus de Ballore**. Un volume in-18, 64 *figures* et *cartes* dont 16 hors texte, broché . . . . **4** fr.

L'auteur des *Tremblements de Terre* et de *la Science Séismologique* s'est imposé de condenser, en une sorte de manuel, tous les résultats scientifiques et les principes des méthodes qu'il a exposées dans ses deux grands ouvrages. Il a donc réuni, dans ce petit livre destiné aux étudiants et surtout au public instruit, toutes les informations et explications que la science est en mesure de fournir actuellement sur les tremblements de terre.

Recherches de Tectonique expérimentale effectuées sous la direction de **Raymond de Girard**, docteur ès sciences, professeur de Géologie à l'Université de Fribourg. (TOME I). Un volume in-8°, avec *12 planches hors texte*, br . . . . **3** fr. **50**

ÉTUDES ET MONOGRAPHIES GÉOGRAPHIQUES

La Picardie **et les régions voisines** (*Artois, Cambrésis, Beauvaisis*), par **Albert Demangeon**, maître de conférences de géographie à l'Université de Paris. Un volume in-8° raisin, *42 figures, 34 photographies et 3 cartes hors texte*, broché. . . . . . . **12 fr.**

Ouvrage couronné par l'Acad. des Sciences morales et politiques, par la Société de Géographie de Paris, et par la Société de Géogr. commerciale de Paris

« Cette belle monographie montre ce que peut fournir de fécond la géographie actuelle, véritablement inspirée par les tendances scientifiques, dans toute la complexité de ces études. M. Demangeon connaît à fond le pays dont il parle, et il sait faire preuve des connaissances les plus diverses, comme cela est nécessaire pour se livrer avec fruit aux études géographiques. Géologue, botaniste, météorologiste, il montre encore qu'il s'intéresse vivement au côté pratique de la science, à tout ce qui peut éclairer l'agriculture et l'industrie. » (*Revue Scientifique.*)

Les Paysans de la Normandie Orientale (*Pays de Caux, Bray, Vexin Normand, Vallée de la Seine*), par **Jules Sion**, professeur adjoint de géographie à l'Université de Montpellier. In-8° raisin, *8 planches hors texte en phototypie*, broché. . . **12 fr.**

Ouvrage couronné par l'Académie des Sciences morales et politiques, la Société de Géographie de Paris, la Société d'Agriculture de France.

« Comment les populations rurales se sont-elles attachées au sol qui les nourrit? Quelle est leur origine? Comment ont-elles conquis leurs champs sur les forêts ou les marécages? Quel est le système de culture qui caractérise telle ou telle région? Quelles sont la densité de la population, sa répartition, sa vitalité? Dans la forme de ses habitations, dans la texture de ses groupements, peut-on déceler des influences ethniques? Telles sont quelques-unes des questions dont l'auteur a cherché et trouvé la solution. » (*La Nature.*)

Étude sur la Vallée lorraine de la Meuse, par le capitaine **J. Vidal de la Blache**, docteur de l'Université de Paris. Un volume in-8° carré, *8 cartes hors texte*, broché . . . . . . **4 fr.**

Couronné par la Société de Géographie commerciale de Paris.

Vallée de capture », dernier témoin d'un réseau de rivières lorraines et champenoises orienté vers la Belgique à une époque antérieure, la vallée lorraine de la Meuse présente d'un bout à l'autre le phénomène de l'agglomération exclusive des maisons dans les villages. L'auteur nous montre que cette vallée offre à tous les points de vue, les caractères les plus typiques.

L'Afrique du Nord (*Tunisie, Algérie, Maroc*), par **Henri Lorin**, ancien professeur au lycée Carnot, de Tunis, professeur à l'Université de Bordeaux. Un volume in-18, *27 gravures, 3 cartes hors texte* et un index (2e Édition), relié toile. **3 fr. 50**; — broché. **3 fr.**

Ce livre est divisé en quatre parties : *esquisse géographique générale*, avec un sommaire historique; *géographie régionale*, description de l'ancienne Mauritanie romaine; *géographie économique*, où sont exposés les progrès de la colonisation; *géographie politique*, où sont étudiés les régimes administratifs.

La Bosnie et l'Herzégovine. Ouvrage publié sous la direction de **Louis Olivier**, docteur ès sciences, fondateur de la *Revue générale des Sciences*. Un volume in-8° colombier de 370 pages, *223 gravures* et *cartes*, broché. . . . . **15 fr.**

Ce beau livre est dû à la collaboration de MM. Léon Bertrand, Paul Boyer, Charles Diehl, A. Leroy-Beaulieu, Daniel Zolla, etc., qui ont visité ces provinces en détail et nous présentent les résultats de leurs observations. Chacun d'eux a écrit son chapitre, signé de son nom; nous avons ainsi des informations très circonstanciées sur la nature physique de la Bosnie-Herzégovine, l'histoire et les monuments, la langue et la littérature, les races, les religions et les nationalités, enfin, sur chaque partie de l'administration actuelle, instruction, agriculture, travaux publics, industrie, législation, etc... L'ouvrage est luxueusement imprimé et rempli de photogravures et de cartes très intéressantes.

La Valachie. *Essai de monographie géographique*, par **Emm. de Martonne**, chargé de cours à l'Université de Paris. In-8°, *5 cartes, 48 figures, 12 planches hors texte*, broché . . . . **12 fr.**

Ouvrage couronné par l'Académie française, Prix Fabien.

« Avec un grand talent, M. de Martonne a su coordonner dans un sens géographique toutes les données qui constituent les traits caractéristiques de la physionomie du pays, montrant ainsi que la géographie peut toucher à beaucoup des connaissances humaines sans cependant sortir de son vrai domaine. »

(*Revue de Géographie.*)

PÉRIODIQUE

Annales de Géographie (23e Année), publiées sous la direction de **P. Vidal de la Blache**, **L. Gallois** et **Emm. de Margerie**; paraissant en janvier, mars, mai, juillet et novembre. Les abonnés reçoivent gratuitement la *Bibliographie géographique annuelle*, qui paraît en septembre.

« La tenue de cette revue, la sûreté des informations de sa chronique géographique, la variété de ses articles de géographie régionale, la science de ses études de géographie générale ont assuré son succès. Il s'est trouvé en France un public pour goûter la science géographique et en comprendre l'utilité, et, à l'étranger, les *Annales de Géographie* sont aujourd'hui estimées à l'égal des *Mitteilungen* de Petermann. » (*Le Temps.*)

Abonnement annuel (de janvier)

France et colonies . . . . . . **20 fr.** | Union postale . . . . **25 fr.**
Chaque numéro, **4 fr.** — *Bibliographie géographique* de l'année courante, **5 fr.**

Chaque année des *Annales de Géographie* (y compris la " Bibliographie ") forme un vol. in-8°, broché, du prix de. . . . . **25 fr.**

La 1re année est épuisée; les 6e, 8e et 12e années ne sont vendues qu'avec la collection complète.

Tables décennales des *Annales de Géographie*, dressées par Louis Raveneau : 1re Table (1891-1901). In-8°, br. **4 fr.**; — 2e Table (1902-1911). In-8, br. **5 fr.**

Bibliographies antérieures à l'année courante (sauf 1896, épuisée) : Chaque *Bibliographie*, vendue indépendamment des autres Nos de l'année. . **10 fr.**

840-14. — Coulommiers. Imp. Paul Brodard. — 6-14.

EUG. MORIEU, IMP.

www.ingramcontent.com/pod-product-compliance
Ingram Content Group UK Ltd.
Pitfield, Milton Keynes, MK11 3LW, UK
UKHW021849190726
13855UKWH00001B/229

9 782012 882324